VIVRE AVEC SON COEUR

Arthur Vineberg, M.D.

Copyright © Ottawa 1977 aux Éditions Optimum Limitée
et Arthur Vineberg & Compagnie Enrg.

Publié par les Éditions Optimum Limitée
245, rue St-Jacques, Montréal, Québec, H2Y 1M6
Michael S. Baxendale, Directeur général

Traduction: Ivan Steenhout
Illustrations: Garry Hamilton

Imprimé et relié au Canada

ISBN 0-88890-078-3

TABLE DES MATIERES

REMERCIEMENTS

Mon livre, Vivre avec son coeur, veut proposer au lecteur un programme de mesures concrètes pour lui permettre de prévenir la maladie cardiaque. En rédigeant cet ouvrage, je me suis préoccupé de la santé de tous les membres de la famille, aussi bien de celle des enfants que de celle des parents.

Dans les deux chapitres consacrés à la chirurgie, j'ai décrit les opérations que j'ai mises au point à partir de 1946 au département de chirurgie expérimentale de l'université McGill, et quelques autres interventions chirurgicales développées dans d'autres centres hospitaliers nord-américains.

A McGill, j'ai testé en laboratoire pendant deux à cinq ans toutes mes opérations avant de les pratiquer sur des êtres humains et de m'en servir pour traiter l'insuffisance coronarienne et l'obstruction des artères coronaires. J'ai opéré mon premier malade à l'hôpital Royal Victoria à Montréal en 1950.

Je dois la réussite de mes travaux à la coopération de très nombreuses personnes non seulement de l'université McGill et de l'hôpital Royal Victoria, mais aussi à de nombreux autres chercheurs et praticiens oeuvrant dans d'autres centres médicaux canadiens et américains.

Le docteur Hebel Hoff, ancien professeur de physiologie à l'université McGill et qui se trouve actuellement au Texas, m'a été d'un grand secours: il a vérifié ma première greffe et en a attesté la réussite. Le docteur Henry MacIntosh a déterminé la quantité de sang que livrait à son coeur l'artère mammaire interne d'un animal. Feu le docteur Lyman Duff, professeur de pathologie à McGill et à l'hôpital Royal Victoria, a réuni une très abondante documentation très utile à mes expériences et, après cinq ans, c'est lui qui m'a encouragé à me servir de mon opération pour traiter des êtres

7

humains, ce qui n'avait jamais été tenté jusqu'alors.

Je dois également beaucoup au docteur G.C. McMillan, professeur de pathologie à l'université McGill et à l'hôpital Royal Victoria, ainsi qu'à son successeur, le docteur W.J. Pirozynski, et au docteur Sergio A. Bencosme. Ils ont prouvé qu'au bout d'un certain temps l'artère mammaire interne se ramifie réellement dans le coeur où elle est greffée.

Je remercie de son appui le docteur Walter Scriver, professeur de médecine à McGill et directeur du département de médecine à l'hôpital Royal Victoria. Il a désigné pour travailler avec moi, choisir mes malades et en prendre soin, les docteurs Phillip Hill et Peter Paré, de son département, créant ainsi du même coup la première équipe médico-chirurgicale au tout début des années 1950.

Le docteur John Shanks, cardiologue à l'hôpital Royal Victoria, a succédé à ces excellents médecins. Pendant de nombreuses années, avec sa collaboration, j'ai choisi et traité les cardiaques que la chirurgie, estimions-nous, pouvait sauver. Le docteur Shanks est resté au fil des ans un fervent défenseur de ma technique de revascularisation du coeur; tout comme d'ailleurs le docteur Maurice McGregor, professeur de médecine à McGill et directeur du service de médecine à l'hôpital Royal Victoria.

Au département de chirurgie, je dois exprimer ma reconnaissance à l'égard de feu le docteur Gavin Miller, professeur de chirurgie à l'université McGill et chef de la chirurgie à l'hôpital Royal Victoria, et à l'égard de son successeur, le docteur Donald Webster. Il me faut remercier aussi le docteur Lloyd D. Maclean, actuel directeur de la chirurgie à l'hôpital Royal Victoria, de même que le docteur Anthony Dobell, chirurgien en chef au Montréal Children's Hospital, professeur au département de chirurgie de l'hôpital Royal Victoria et directeur de la division de chirurgie cardiovasculaire et thoracique à l'université McGill.

Je tiens à remercier en outre mes collègues canadiens-français pour l'appui qu'ils m'ont toujours donné et qu'ils continuent de me donner, et en particulier les docteurs Edouard Gagnon et Paul David qui, vers la fin des années 1950, m'ont invité à travailler avec eux à l'Institut de cardiologie de Montréal et n'ont cessé de défendre la greffe de l'artère mammaire interne comme moyen de revasculariser le coeur.

Je dois beaucoup au département d'anesthésie de l'hôpital Royal Victoria, dirigé par le docteur Philip Bromage, dont les adjoints, les docteurs Arthur Sheridan et John E. Wynands, n'ont jamais refusé un patient sous prétexte qu'il était trop malade. Le dévouement et le grand talent de ces médecins ont permis d'anesthésier des patients très gravement touchés et dont un bon nombre avaient été refusés dans les autres centres hospitaliers, sous prétexte qu'ils étaient trop malades pour subir une intervention chirurgicale.

Plus de trente jeunes gens ont étudié avec moi et ont contribué à la mise au point de mes diverses opérations de revascularisation. Vingt-deux d'entre eux ont passé leur maîtrise ès sciences sous ma direction à l'université McGill. Par ailleurs, beaucoup de mes étudiants occasionnels, maintenant médecins ou chirurgiens dans d'autres régions du monde, restent de fervents partisans de mes opérations de greffe artérielle.

Nombre de mes collègues médecins et chirurgiens canadiens et américains m'ont beaucoup soutenu. Les trois auxquels je dois le plus sont feu le docteur Paul Dudley White, chef de l'unité cardiaque à l'hôpital général du Massachussetts, le docteur Mason Sones, directeur du département de cathétérisme cardiaque à la Clinique de Cleveland, en Ohio, et le docteur Donald Effler, directeur du département de chirurgie cardiovasculaire et thoracique de la Clinique de Cleveland.

En 1961, le docteur Sones a procédé à un angiogramme d'une de mes greffes d'artère mammaire interne, vieille de 7½ ans. Cet examen a montré que l'artère mammaire était ouverte et fonctionnait encore. Le docteur Effler a lui-même pratiqué la greffe de l'artère mammaire interne et en a constamment défendu le principe. Le docteur Wilfred G. Bigelow, directeur du département de chirurgie cardiovasculaire et thoracique à l'hôpital général de Toronto, en Ontario, a lui aussi pratiqué - et d'ailleurs pratique toujours - ce type de greffe; de même que le docteur Wilbert Keon, chef du département de chirurgie cardiovasculaire et thoracique à l'hôpital civique d'Ottawa, en Ontario, fervent partisan de l'opération de Vineberg qu'il utilise, associée au pontage coronaire. Le docteur G. David Hooper, spécialiste de la chirurgie thoracique, a effectué un grand nombre de greffes, étudiées et évaluées par le docteur G. Fitzgibbon, cardiologue au Centre médical de la Défense nationale à Ottawa. Le docteur William Bloomer, spécialiste de la chirurgie thoracique à l'hôpital St. Mary, de Long Beach, en Californie, a également une longue expérience de la greffe de l'artère mammaire interne, qu'il pratique, d'ailleurs, toujours avec succès.

Je dois également exprimer ma reconnaissance au docteur

Alton Ochsner, fondateur et chirurgien en chef de la Clinique Ochsner à La Nouvelle-Orléans; au docteur Paul David, directeur administratif de l'Institut de cardiologie de Montréal; au docteur Goffrado Gensini, directeur du Centre médical hospitalier Saint-Joseph, directeur du laboratoire et du département de recherche cardiovasculaire Mgr-Toomey, à Syracuse, dans l'Etat de New-York, ainsi qu'à son adjoint, le docteur Ernest J. Delmonico fils, spécialiste de la chirurgie thoracique.

Je ne pourrai jamais exprimer aussi bien que je le voudrais ma gratitude au département de nursing de l'hôpital Royal Victoria pour l'aide que le personnel de ce département m'a apportée jour et nuit. Ce fut l'un de mes atouts les plus précieux pour traiter certains cas très avancés d'insuffisance coronarienne. Je veux aussi remercier de son soutien le directeur général de l'hôpital Royal Victoria, Douglas J. MacDonald.

Le ministère de la Santé et du bien-être social d'abord, et ensuite le Conseil des recherches médicales du Canada, et MM. Nathan Cummings et Stanley Vineberg, mon frère, ont au cours des années généreusement appuyé mes recherches.

Enfin, je veux exprimer ma reconnaissance à Bill Trent et Michael S. Baxendale, qui ont collaboré à la rédaction et à la préparation de ce livre.

A mon épouse, Ann

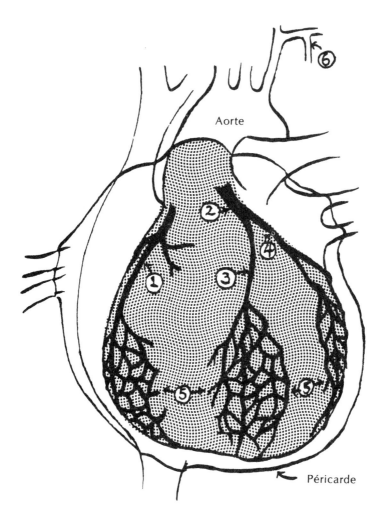

Aorte

Péricarde

Fig. 1: (1) Artère coronaire droite.
(2) Artère coronaire gauche.
(3) Artère descendante antérieure.
(4) Artère circonflexe.
(5) Artérioles myocardiques.
(6) Artère mammaire interne gauche.

CHAPITRE PREMIER

Pour le bien de votre famille, lisez ce livre

John Blackburn est un gaillard solide et bien bâti. Il a des épaules larges et des mains puissantes. Son visage buriné, tanné par le soleil, prouve qu'il a travaillé à l'extérieur toute sa vie. Quand on le regarde, on a peine à s'imaginer qu'il a déjà souffert d'une maladie cardiaque si grave qu'elle l'empêchait même de marcher jusqu'au coin de la rue.

John est un de mes premiers patients du début des années 1950. Il a contribué à démontrer concrètement pour la première fois l'efficacité de la chirurgie dans le traitement des problèmes cardiaques. Une crise cardiaque ne doit pas nécessairement paralyser un homme pour la vie. John en est la preuve irréfutable, lui qui, de façon tangible, fut l'un des plus grands espoirs de la chirurgie cardiaque qui, à l'époque, en était encore à ses premiers balbutiements.

L'histoire de John comporte un message destiné aux 25 millions de Nord-Américains atteints de maladie coronarienne et cardiaque; et ce message, c'est l'*espoir*.

Son cas n'est pas unique. Des centaines de personnes qui ont déjà failli mourir jouent maintenant au golf, nagent, font de l'équitation, creusent des puits, conduisent des camions et, après une intervention chirurgicale, mènent une existence normale dans l'ensemble. Mais John a été l'un des premiers, et cela seul peut-être justifie que l'on s'attarde à son histoire.

Je me souviendrai toujours du moment où je l'ai vu dans une des salles de l'hôpital Royal Victoria, à Montréal. Californien de haute taille, affable mais physiquement abattu, son visage, jadis bronzé, était gris comme la cendre. Il respirait vite, de façon

"*Nous allons essayer de faire de
vous un homme nouveau.*"

irrégulière et en pinçant les lèvres comme pour prévenir la douleur.

Il s'attendait à ce que je réponde à deux questions, que se pose, d'ailleurs, toute personne sur le point de subir une opération: quelles étaient ses chances? et qu'est-ce que je comptais lui faire exactement?

Cela se passait en décembre 1953. A l'époque, j'avais à lutter contre le scepticisme d'un bon nombre de collègues qui proclamaient sans aucune gêne qu'il fallait être un peu fou pour tenter de greffer une artère dans un coeur humain et le réalimenter en sang frais.

Quelles étaient les chances de John? J'hésitais à répondre immédiatement. Je savais quelle opération lui faire, une intervention chirurgicale que j'avais mise au point: la greffe de l'artère mammaire interne, et que deux chirurgiens seulement dans le monde pratiquaient, le docteur Wilfred G. Bigelow, de Toronto, à qui j'en avais enseigné la technique, et moi-même. Nous commencions à peine. Nous ignorions alors bon nombre de choses que nous savons maintenant. Nous ne pouvions donc pratiquement pas dire à notre patient ce à quoi il pouvait s'attendre.

Je choisis de répondre plutôt à sa deuxième question:

—Nous allons essayer de faire de vous un homme nouveau, lui dis-je.

C'était tout à fait vrai et, de plus, exactement ce dont nous avions l'intention: *tenter* d'en faire un homme nouveau. Nous avions pratiqué des centaines d'expériences concluantes sur des animaux, et même réussi certaines greffes sur des êtres humains. Nous connaissions donc relativement bien nos limites et nos capacités. Cependant, je l'ai dit, nous commencions à peine.

John m'arriva d'une façon un peu indirecte. Au cours de l'été 1953, j'avais donné une conférence à Los Angeles sur la greffe artérielle. Catherine, son épouse, en avait pris connaissance dans les journaux. Elle était, à ce moment-là, au bord du désespoir. En juillet 1952, son mari avait fait une crise cardiaque. Il avait éprouvé dans la poitrine une douleur soudaine, violente et terrible. Hospitalisé pendant sept semaines, il était revenu chez lui mais, au bout d'un jour, il avait fallu le ramener à l'hôpital pour cinq autres semaines. Sans grand succès! Un an plus tard, il avait mal presqu'en permanence et ne pouvait quasiment plus sortir ni marcher dans la rue.

Catherine m'écrivit. En observatrice attentive, elle m'exposa dans le détail les signes de la maladie. Debout, John avait mal à la poitrine et sous l'arrière du bras gauche. Il souffrait même au repos et s'essoufflait au moindre effort. Même s'ils habitaient à 4 000 miles de Montréal, Catherine insistait pour m'amener son mari. Les

16

Il avait été dans le temps boxeur poids moyen dans l'armée américaine.

GREFFE DE L'ARTÈRE MAMMAIRE INTERNE
DANS LA PAROI VENTRICULAIRE
(Opération de Vineberg)

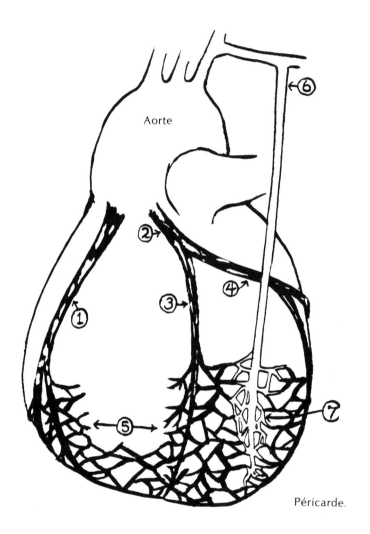

Aorte

Péricarde.

Fig. 2: (1) Artère coronaire droite lésée.
(2) Artère coronaire gauche lésée.
(3) Artère descendante antérieure lésée.
(4) Artère circonflexe lésée.
(5) Artérioles myocardiques saines
(6) Artère mammaire interne gauche saine
(7) Nouvelles ramifications de l'artère
mammaire interne greffée dans le
muscle cardiaque.

médecins locaux ne pouvaient pas l'aider. En fait, ils ne semblaient même pas savoir *quoi* faire.

A l'hôpital Royal Victoria, John expliqua son histoire à un cardiologue. Il avait 40 ans mais en paraissait 60. Il avait été jadis boxeur mi-lourd dans l'armée américaine. Tout au long de sa vie, il avait éprouvé de légères douleurs dans la poitrine. Tous les médecins qui l'avaient examiné jusque-là avaient toujours pensé que ces douleurs étaient d'origine pleurale.

On ne parlait pas à l'époque de profil du coronarien. Avant sa crise, deux facteurs pourtant avaient joué contre lui, et nous le savions: d'abord, son poids excessif (il avait déjà pesé près de 230 livres, ce qui est beaucoup, même pour un homme de six pieds) et la présence dans sa famille d'autres cas de maladies cardiaques. Sa mère et un de ses frères en étaient tous deux décédés. Nous connaissions l'importance du facteur héréditaire dans ce genre de maladie.

Le cardiologue établit son diagnostic. John souffrait d'une insuffisance coronarienne évolutive. Des dépôts de cholestérol et de calcium obstruaient ou rétrécissaient le calibre de ses artères à un point tel que le sang avait du mal à passer et à parvenir au coeur. La maladie affectait une, deux ou peut-être même trois artères. Comme chez plusieurs millions d'autres Nord-Américains, l'insuffisance coronarienne avait commencé chez John à se développer tôt, peut-être dès l'âge de dix ans.

Un électrocardiogramme révéla l'existence d'une ancienne cicatrice sur la paroi antérieure du coeur, suite probable de la crise cardiaque de l'année précédente. Un examen ultérieur montra un rétrécissement du calibre des capillaires du fond de l'oeil, dû à l'athérosclérose.

Nous décidâmes de faire subir à John une opération de revascularisation, c'est-à-dire en termes simples de rétablir l'approvisionnement sanguin à son coeur, en y greffant directement une artère nouvelle - travail de plomberie médicale extrêmement délicat qui consiste à introduire une canalisation neuve dans le coeur même du malade (fig. 2)!

Depuis 1945, au département de chirugie expérimentale de l'université McGill à Montréal, j'avais expérimenté divers moyens de réalimenter le coeur en sang oxygéné. Dès le début, il me parut évident, pour obtenir le meilleur résultat possible, qu'il fallait utiliser les artères mammaires internes du patient, situées sous le sternum. On les appelle artères mammaires parce que, chez la femme, elles alimentent en sang les seins ou mamelles et les muscles thoraciques ou pectoraux qui se trouvent derrière les seins. Elles

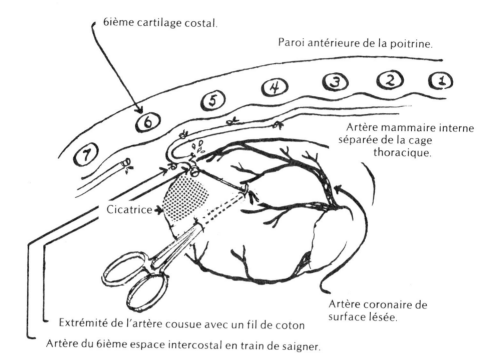

6ième cartilage costal.

Paroi antérieure de la poitrine.

Artère mammaire interne séparée de la cage thoracique.

Cicatrice

Extrémité de l'artère cousue avec un fil de coton

Artère coronaire de surface lésée.

Artère du 6ième espace intercostal en train de saigner.

Fig. 3: Préparation de l'artère mammaire interne gauche en vue de sa greffe dans la paroi ventriculaire gauche.

sont plus grosses chez l'homme puisque sa poitrine et ses muscles pectoraux sont plus importants.

Tout au long des siècles, certains penseurs religieux ont considéré le coeur comme un organe sacro-saint. Certains y voyaient même le siège de l'âme. Pourtant, d'un strict point de vue chirurgical, le coeur restait relativement peu connu. Avant 1950, personne n'avait posé d'artère nouvelle dans la paroi du ventricule gauche. Je l'ai fait cette année-là et j'étais le premier. Pendant l'opération, j'ai eu très peur que le coeur de mon malade ne s'arrête de battre. Avant moi, certains chirurgiens avaient travaillé à l'intérieur des cavités cardiaques pour corriger les communications interventriculaires dans le coeur de bébés et de jeunes enfants. Aucun, cependant, n'avait osé faire ce que j'allais entreprendre: creuser un tunnel dans la paroi du ventricule gauche et y introduire

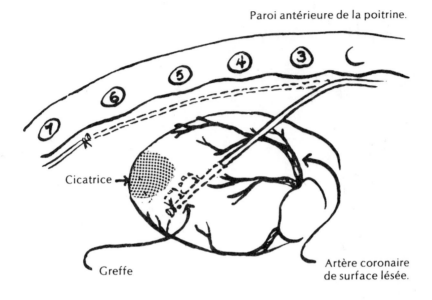

Fig. 4: Greffe de l'artère mammaire interne dans la paroi du ventricule gauche.

une artère. Avec John, j'en étais à ce point-là, prêt à reprendre exactement ce que j'avais déjà fait.

Le 11 décembre 1953, après lui avoir administré des sédatifs, on l'amena dans la salle d'opération. Comme nous nous y attendions, il avait une grande cicatrice sur la paroi antérieure du coeur. Ses artères, du côté gauche, présentaient un durcissement marqué et leur calibre était sensiblement rétréci. Je sondai la cage thoracique et, avec précaution, isolai l'artère mammaire interne gauche. Il fallait qu'elle reste intacte pour qu'il puisse survivre. Je ne pouvais donc utiliser ni pinces ni écarteurs.

Je greffai l'artère mammaire dans la partie saine de son coeur, en dehors de la zone cicatrisée. Avec le temps, cette artère allait se ramifier et produire de nouveaux vaisseaux qui pousseraient dans les tissus voisins. L'opération présente quelque analogie avec la

Il pouvait de nouveau se distraire et travailler comme s'il n'avait jamais fait de crise cardiaque.

transplantation d'un arbre. Il faut garder un peu de terre autour de l'arbre qu'on transplante et prendre garde de ne pas endommager ses racines. Comme pour un arbre, il faut implanter l'artère profondément dans le muscle cardiaque afin qu'elle ait le plus de chances possible de reprendre racine et, bien sûr, éviter qu'elle se bloque. Il faut donc l'introduire dans le coeur sans la tordre, l'enrouler ou la plier.

Le monde entier allait bientôt désigner l'opération que je venais de faire du nom d'*opération de Vineberg*. Si elle réussissait, au bout de quelques temps (six semaines à six mois, selon les cas), le sang passerait par cette nouvelle artère greffée pour se rendre au coeur. Effectivement, l'opération s'avéra un succès. En janvier 1954, l'état de mon malade m'inspirait confiance.

—Eh bien, docteur, qu'en pensez-vous?

23

John ne se sentait pas encore au meilleur de sa forme mais il n'avait presque plus mal. Une existence nouvelle allait bientôt s'offrir à lui.

Je ne sais pas qui, de John ou de Catherine, a été le plus heureux de la tournure des événements. Mais, après leur retour en Californie, c'est elle qui m'a donné régulièrement de leurs nouvelles.

Parmi mes trésors précieux, je conserve la carte de Noël qu'elle m'a envoyée en 1954 et sur laquelle elle m'a écrit: "Que Dieu vous bénisse, docteur! John travaille toujours très dur. Il est en forme et en bonne santé, grâce à votre gentillesse et à vos soins. Nous penserons toujours à vous et nous remercierons toujours Dieu de vous avoir rencontré".

Par la suite, tous les quelques mois, je recevais un mot de Catherine. Les nouvelles restaient bonnes. John allait de mieux en mieux. Ils ont finalement déménagé au Nevada. Elle m'a écrit qu'il vivait maintenant une existence tout à fait normale, qu'il travaillait et se distrayait comme s'il n'avait jamais fait de crise cardiaque.

En décembre 1973, à Noël, Catherine m'a écrit que son mari travaillait régulièrement et qu'il profitait de la vie au maximum, lui que j'avais opéré vingt ans plus tôt! C'était à peine croyable!

Les maladies cardiaques dans le monde occidental

Les maladies cardiaques sont, avec le cancer, les maladies les plus redoutées. Au moindre élancement dans le bras ou la poitrine,

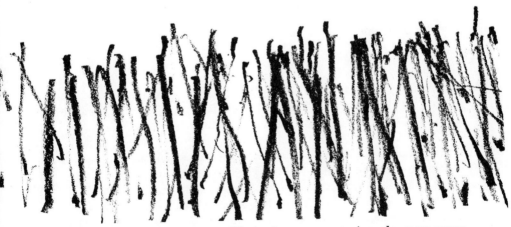

Dans les pays pauvres d'Asie beaucoup moins de personnes souffrent de maladies cardiaques.

25

FRÉQUENCE DE L'INSUFFISANCE CARDIAQUE CHEZ LES HOMMES, AUX ETATS-UNIS.

40-44 ans   dans 14 ans

45-49 ans   dans 14 ans

50-54 ans   dans 14 ans

55-60 ans   dans 14 ans

Fig. 5: Si vous avez entre 40 et 44 ans, vous avez une chance sur huit de faire une crise cardiaque d'ici quatorze ans. Si vous avez entre 55 et 60 ans, vous avez une chance sur quatre d'en faire une.

de nombreuses personnes s'imaginent que la crise cardiaque les guette. Et c'est normal! Chaque fois pratiquement qu'elles lisent le journal ou qu'elles ouvrent la radio, on y annonce que la crise cardiaque a fait de nouvelles victimes. De fait, à l'heure actuelle, l'insuffisance coronarienne et ses complications sont les principales causes de décès en Amérique et en Europe occidentale.

Les chiffres laissent stupéfait. Cette année seulement, près de 840 000 personnes aux Etats-Unis et au Canada vont mourir de maladie cardiaque. En Amérique du Nord, l'insuffisance coronarienne tue plus de monde que n'importe quel autre fléau. Elle intervient dans plus de la moitié de tous les décès, qu'ils soient dus à un accident ou à la maladie. L'insuffisance coronarienne est trois fois plus meurtrière que le cancer et cinq fois plus que les accidents.

En outre, les statistiques révèlent certains faits curieux. Aux Etats-Unis et en Grande-Bretagne, le pourcentage annuel des mortalités dues à l'insuffisance coronarienne, quels que soient l'âge ou le sexe, est de 3 pour cent. Au Danemark, aux Pays-Bas et en Allemagne, ce pourcentage tombe à 2 pour cent, et à moins de 0.5 pour cent au Japon, à Ceylan, en Amérique centrale et dans les îles de l'archipel indonésien.

Il existe donc, entre les contrées riches du monde occidental et les pays pauvres du tiers monde, une différence appréciable dans les taux de mortalité due aux maladies cardiaques. Le mode de vie de nos sociétés d'abondance y contribue-t-il? Les habitants des pays économiquement développés, avec leur niveau de vie élevé, sont-ils en train de se suicider par manque d'exercice ou à cause de leur alimentation trop grasse? Les preuves s'accumulent. Il semble que ce soit effectivement le cas. On s'aperçoit, en examinant les statistiques plus en détail, que chez les hommes de 40 à 59 ans le taux des décès dûs à l'insuffisance coronarienne tombe à moins de 1 pour cent dans les régions les plus démunies du globe, contre 8 pour cent dans les pays occidentaux.

Les chiffres varient d'un pays à l'autre. Cependant, en Occident, le nombre de cas de maladies coronariennes a augmenté notablement ces cinquante dernières années. On s'en est rendu compte grâce, entre autres, à certaines recherches menées sur des soldats morts pendant la guerre de Corée. En 1953, trois médecins militaires américains, le major William F. Enos, le colonel H. Holmes et le capitaine James Beyer, ont relaté les résultats de leurs travaux dans un numéro de la revue médicale américaine, le *Journal of the American Medical Association.*

Ils ont étudié trois cents rapports d'autopsie de soldats américains morts au combat. Aucun d'eux ne présentait de signes extérieurs d'insuffisance cardiaque. Les chercheurs n'ont pas noté l'âge des 98 premiers sujets. L'âge moyen des 202 autres se situait aux alentours de 22 ans; le plus vieux avait 48 ans et le plus jeune, 18. Dans plus de 77 pour cent des cas, les autopsies révélèrent ce que les chercheurs ont appelé des "signes cliniques patents" d'affection cardiaque. Un, sinon plusieurs vaisseaux sanguins importants, de certains de ces hommes était obstrué, c'est-à-dire véritablement interrompu. Pourtant tous ces soldats paraissaient forts, bien nourris et en bonne santé. Au moment de leur mort, ils menaient une vie physique active et ne présentaient aucun signe visible de maladie.

Les autopsies pratiquées sur des soldats coréens révélèrent au contraire que 5 pour cent d'entre eux seulement présentaient des signes d'insuffisance coronarienne. L'Est contre l'Ouest? Peut-être! Toujours est-il que ces chiffres font ressortir la surprenante différence entre l'état cardiaque des soldats asiatiques et celui de leurs homologues occidentaux.

Il existe d'autres faits tout aussi inquiétants. Ils ressortent de la célèbre étude d'épidémiologie coronarienne de Framingham qu'ont effectuée les docteurs T.R. Dawber, W.B. Kamel et W.P. Castelli. Ces chercheurs ont étudié, sur une période de dix-huit ans, la fréquence de l'insuffisance coronarienne en se basant sur un vaste échantillonnage d'habitants de la ville de Framingham et de ses environs, au Massachussets. Selon leurs conclusions, un Américain sur huit dont l'âge actuel varie entre 40 et 44 ans va subir une crise cardiaque au cours des quatorze prochaines années, contre un Américain sur six chez les hommes âgés de 45 à 49 ans, et un individu sur cinq chez les hommes de plus de cinquante ans. Un quart des Américains âgés de 55 à 60 ans doit s'attendre à subir une crise cardiaque au cours des quatorze prochaines années. Et, après 60 ans, un Américain sur cinq a déjà subi une crise cardiaque.

Mais il est quelque chose d'encore plus inquiétant: l'âge moyen des victimes tend à baisser. Il n'est pas inhabituel qu'un homme fasse une crise avant 40 ans.

Toutes les victimes de crise cardiaque n'ont pas à vivre une existence d'impotent.

29

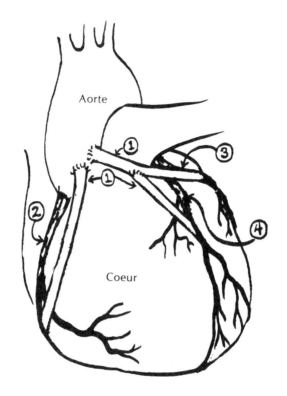

Fig. 6: (1) Pontage coronaire.
         (2) Artère coronaire droite lésée.
         (3) Artère coronaire circonflexe lésée.
         (4) Artère coronaire descendante antérieure
             lésée.

Il faut considérer ces chiffres comme un signal d'alarme. Mais ils me révoltent. J'ai la certitude, en effet, qu'on pourrait éviter bon nombre de crises cardiaques et bon nombre de décès.

On pourrait les *éviter* de deux façons: d'abord, il existe dans la plupart des cas des mesures préventives contre ces maladies; ensuite, pourquoi obliger nécessairement toutes les victimes de crise cardiaque à passer le reste de leur existence comme des invalides?

Les médecins, de nos jours, connaissent bien le coeur et savent comment prévenir les maladies cardiaques. La chirurgie a fait des progrès considérables dans sa lutte contre l'insuffisance coronarienne. Et malgré tout - les statistiques le prouvent - l'accroissement du nombre de cas de maladies cardiaques reste constant. Pourquoi?

En dépit de nos progrès, nous manquons toujours d'instruments adéquats pour détecter la progression du mal. On a peine à le croire mais 20 à 30 pour cent de tous les électrocardiogrammes sont faux! Beaucoup de gens meurent juste après s'être fait dire que leur électrocardiogramme ne présentait rien d'anormal.

Dans beaucoup de cas, on pose un diagnostic inexact et, même quand il est juste, le traitement prescrit reste souvent inapproprié.

Pendant des années, on a toujours traité l'angine de poitrine - douleur dans la poitrine ou dans la région des mamelons due à l'insuffisance coronarienne-de façon strictement médicale (par opposition au traitement chirurgical). Les médecins administraient certains médicaments à leurs patients et leur disaient de se reposer. Cela n'allait pas plus loin. Ensuite, ils attendaient et assistaient impuissants à la lente agonie du malade. Voilà le seul traitement en vigueur pendant des années! Malheureusement, de nombreux cardiaques se soignent encore ainsi! Il convient de remettre sérieusement en doute tous les rapports de guérisons obtenues par ces procédés purement médicaux: on n'a pas étudié les artères coronaires des sujets concernés à l'aide d'instruments scientifiques modernes.

On ne connaît pas jusqu'à présent de traitement *médical* dont il est prouvé qu'il arrête le durcissement des artères, et encore moins qu'il le guérisse. Il n'existe pas de "soude caustique médicale" pour déboucher les artères coronaires bloquées.

Le traitement médical et l'absorption de médicaments agissent parfois pendant un certain temps chez certains patients sur les symptômes de la maladie. Cependant, tous les médicaments connus à ce jour ne sont que des palliatifs. Il n'existe aucune preuve qu'après un simple traitement médical, une artère coronaire

32

G Hamilton

rétrécie puisse s'élargir de nouveau, ni qu'une artère complètement obstruée puisse se rouvrir.

Les diurétiques (médicaments qui éliminent du corps l'excès de liquide organique) et certains stimulants, comme la digitale, permettent de garder les cas d'insuffisance cardiaque sous contrôle. Pour élargir le calibre des artères, on prescrit des vasodilatateurs. D'autres drogues font baisser la tension artérielle, et donc réduisent la pression sur le coeur. Mais les malades qui prennent ces médicaments ne *guérissent* jamais. Ils doivent continuer à les prendre - leur traitement n'est toujours qu'un pis-aller. Il vaut mieux tenter de prévenir l'athérosclérose. Cependant, même si on y parvient, l'état des artères déjà bloquées ou rétrécies ne s'améliorera pas pour autant.

L'intervention chirurgicale constitue la planche de salut de nombreux malades, mais il leur reste, avant d'y arriver, un dernier obstacle à franchir: l'opposition de leur cardiologue qui, souvent, ne partage pas ce point de vue.

De nombreux médecins, c'est un fait, ne réfèrent pas leurs malades au chirurgien; ou bien ils les lui envoient en tout dernier ressort quand le patient se trouve déjà trop mal pour travailler ou quand il faut le conduire de toute urgence à l'hôpital, dans une unité coronarienne de soins intensifs.

Je dois dire néanmoins que certains cardiologues plus jeunes n'agissent pas ainsi et recommandent à leurs patients de consulter un chirurgien. Cependant, il ne s'effectue probablement pas plus de 70 000 interventions chirurgicales sur les artères coronaires chaque année en Amérique. En regard des 800 000 personnes qui, dans ce même laps de temps, meurent d'insuffisance cardiaque, le chiffre reste dérisoire. Près de 500 000 Américains et Canadiens tireraient actuellement le plus grand profit d'une intervention chirurgicale. Mais très peu d'entre eux atteindront jamais la salle d'opération, et le plus souvent, hélas! à cause de la méfiance de leur médecin traitant. La résistance des cardiologues reste forte, même si divers types d'opérations de revascularisation se pratiquent couramment dans de nombreux centres médicaux.

Le pontage coronaire et l'opération de Vineberg, seule ou associée au pontage coronaire, s'effectuent dans bon nombre d'institutions hospitalières canadiennes et américaines (fig. 6 - Voir aussi chapitres sur la chirurgie). Pourtant, l'ensemble des interventions chirurgicales sur les artères coronaires en Amérique du Nord couvre à peine dix pour cent des besoins.

Je ne prétends pas qu'il faille opérer toutes les victimes de crise cardiaque. De toute façon, on peut faire des crises sans même le savoir, et sans que les médecins le sachent. Des centaines d'autopsies le prouvent qui révèlent des cicatrices laissées par deux et parfois trois crises cardiaques ignorées de la personne elle-même qui les a eues. Ces crises, elle a pu les confondre avec un excès de fatigue ou même avec une simple indigestion et ne jamais se douter que son coeur était malade.

Il faut, lorsque des symptômes patents d'insuffisance coronarienne persistent plus de six mois, se faire examiner les artères pour déterminer la gravité de l'affection. Si, au bout d'un an, ces symptômes n'ont pas disparu, l'intervention chirurgicale est sans

Les femmes prennent mieux
soin de leur corps que
les hommes.

doute souhaitable.

La chirurgie de revascularisation présente un pourcentage élevé de succès. Il y a moins de 2 pour cent d'échecs en phase opératoire; donc moins de 2 pour cent des patients meurent dans les trente jours qui suivent l'opération. Même chez les malades les plus gravement atteints, le pourcentage d'échecs se maintient à moins de 10 pour cent. Quatre-vingt-cinq pour cent des individus opérés vivent plus de cinq ans et demi après leur opération et nombre d'entre eux vivent encore douze et même vingt ans plus tard; c'est donc dire qu'ils vivent une existence d'une longueur normale comme s'ils n'avaient jamais été malades. La greffe de l'artère mammaire interne améliore donc notablement le pronostic vital (voir page 135).

Chaque année, 840 000 personnes meurent de maladie cardiaque. On me demande souvent combien de ces personnes la chirurgie aurait pu sauver. Il m'est difficile de répondre. De nombreux facteurs entrent en ligne de compte. Je puis cependant, sur la foi d'une étude récente de rapports d'autopsie, proposer une extrapolation.

Selon les observations pathologiques effectuées dans les salles d'autopsie, une intervention chirurgicale avant la mort n'aurait servi à rien dans moins de 3 pour cent des cas étudiés. Les autres, c'est-à-dire 97 pour cent, avaient au moins la moitié du coeur valide. Je crois qu'on aurait pu sauver la plupart de ces personnes en amenant dans la partie restée saine de leur coeur un afflux de sang nouveau.

C'est le seul moyen d'aider un cardiaque. Bien sûr, cela ne lui permettra pas pour autant de courir le cent mètres mais bien de vivre sans avoir mal et de subvenir normalement aux besoins de sa famille.

En ce moment précis, des millions de jeunes gens préparent une crise cardiaque. S'ils ne font pas attention, elle risque de les tuer ou tout au moins de les rendre invalides au début de leur existence. Je veux atteindre ces jeunes avant qu'il ne soit trop tard.

Je veux rejoindre les autres aussi, le nombre effrayant de ceux qui ont déjà subi une crise, et leur dire qu'il y a de l'espoir et que rien n'est perdu.

Je veux expliquer aux mères de jeunes enfants comment les garder en bonne santé, et aux épouses de ceux que guette la crise cardiaque comment maintenir leur mari sain et sauf. Personne mieux que les femmes ne peut le faire. En dernière analyse, la santé les préoccupe plus que tout autre membre de la famille. Leur désir d'être séduisantes - qu'on le taxe de vanité ou de l'épithète qu'on voudra - les amène plus que les hommes à s'occuper de leur corps et à en prendre soin.

Les femmes calculent le nombre de calories qu'elles mangent. Elles font de l'exercice. On les retrouve dans les gymnases, sur les courts de tennis. Elles suivent des cures d'amaigrissement, des cours de yoga. Elles apprennent à respirer.

De plus, le travail normal et quotidien d'entretien d'une maison exige d'elles des efforts physiques rigoureux et constants. Si quelqu'un vient à en douter, qu'il refasse donc une fois le lit pour voir!

Il n'existe pas de formule magique pour supprimer la maladie cardiaque. On peut toujours prendre des pilules pour essayer de s'immuniser contre elle, mais il serait plus efficace de se plier à certaines règles de base de bonne santé. Des millions de personnes pourraient ainsi prévenir le mal. Le conseil paraît simple. Pourtant, peu de gens s'y soumettent.

On entend fréquemment parler des dangers de la suralimentation et de l'abus de tabac. On nous rappelle à tout bout de champ combien nous manquons d'exercice: "Laissez la voiture au garage et marchez!"... Permettez-moi de vous le demander: quand vous êtes-vous soumis à un régime alimentaire faible en cholestérol? avez-vous cessé de fumer? quand avez-vous laissé la voiture au garage pour marcher?

La maladie cardiaque parfois s'hérite des ascendants. Alors personne n'y peut rien. Pas plus que l'on ne peut toujours éviter les situations stressantes. Par contre, chacun *a le pouvoir* de contrôler son régime alimentaire.

Plus loin, dans une annexe de ce livre, j'ai dressé une liste assez exhaustive d'aliments. J'ai conçu mes tableaux de sorte que le lecteur puisse s'y référer vite et facilement, et qu'ils le renseignent non seulement sur le nombre de calories mais aussi sur la teneur en cholestérol de chaque produit. Ces tableaux, je n'en doute pas, vous apprendront à vous nourrir comme il faut tout en contrôlant les calories et le cholestérol que vous absorbez.

Chacun, qu'il vive en ville ou à la campagne et quel que soit son travail, *peut* s'arranger pour faire suffisamment d'exercice. Je ne conseille à personne de se lancer à brûle-pourpoint dans un programme de "jogging" intensif. Le "jogging", contrairement à l'opinion courante, présente certains risques et, en fait, en abuser provoque parfois la crise cardiaque. J'insiste, par contre, sur la pratique régulière d'un exercice physique. Les tableaux que j'ai consacrés au sujet, plus loin dans ce volume, renseigneront le lecteur sur la quantité d'énergie requise pour chaque activité et sur le type d'exercice qui correspond le mieux à ses besoins.

Chacun comprendra, au fur et à mesure de la lecture de ce livre, pourquoi j'estime possible d'éviter la crise cardiaque - sans me faire, pourtant, trop d'illusions! Mes conseils ne sont pas faciles à suivre, et je le sais. Mais il faudrait absolument s'y soumettre pour que les jeunes aient la chance de vivre longtemps, et leur coeur de rester solide et de pomper le sang vigoureusement dans toutes les parties de l'organisme.

Mon propos se veut modeste. Je tiens à montrer simplement qu'il existe des mesures préventives contre l'insuffisance cardiaque et, à ceux qui en souffrent, qu'ils n'ont aucune raison sérieuse de perdre espoir.

CHAPITRE 2

Le coeur et son fonctionnement

Machine merveilleuse, le coeur humain règle la circulation du sang à travers un incroyable réseau de 100 000 miles de conduits qu'on appelle vaisseaux sanguins.

Il a, grosso modo, le format d'un poing fermé: 5 pouces de long sur 3,5 pouces de large et à peu près 2,5 pouces d'épaisseur. Organe puissant, il pèse en moyenne 11 onces chez l'homme et seulement 9 onces chez la femme. L'ensemble des vaisseaux sanguins que régit le coeur, mis bout à bout, couvrirait plus de quatre fois la circonférence de la terre.

Le coeur est la mesure de la vie. Ses battements en marquent le début et la fin. Comprendre son fonctionnement, c'est donc comprendre le mécanisme même de l'existence.

LES QUATRE CAVITÉS DU COEUR.

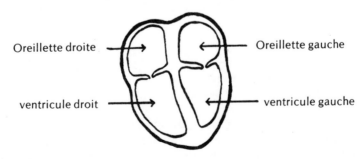

Oreillette droite — Oreillette gauche

ventricule droit — ventricule gauche

Fig. 7: On peut considérer que le coeur humain est constitué de quatre pompes distinctes.

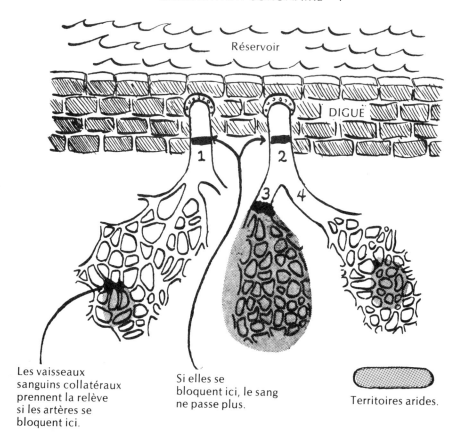

Réservoir

DIGUE

1 2

3 4

Les vaisseaux
sanguins collatéraux
prennent la relève
si les artères se
bloquent ici.

Si elles se
bloquent ici, le sang
ne passe plus.

Territoires arides.

Canalisation no 1: artère coronaire droite

Canalisation no 2: artère coronaire gauche

Canalisation no 3: artère coronaire descendante antérieure

Canalisation no 4: artère coronaire circonflexe

Fig. 8: Le système artériel coronaire ressemble à un réseau
de canalisations. Les défectuosités qui affectent les
canalisations industrielles se retrouvent aussi dans le
système d'irrigation du coeur humain.

Le coeur se divise en quatre cavités. Les deux cavités
supérieures, les *oreillettes*, reçoivent le sang qui provient de
l'organisme, et les cavités inférieures ou *ventricules* l'envoient dans
les artères. Le ventricule droit irrigue les poumons, et le gauche
l'ensemble du corps.

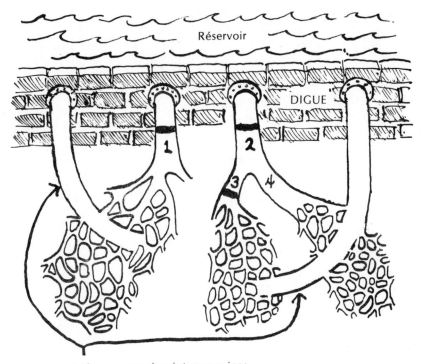

Réservoir

DIGUE

Artères mammaires internes saines.

Canalisation no 1: artère coronaire droite.

Canalisation no 2: artère coronaire gauche.

Canalisation no 3: artère coronaire descendante antérieure.

Canalisation no 4: artère coronaire circonflexe.

Fig. 9: les artères mammaires internes greffées alimentent en sang oxygéné les territoires arides.

A l'instar de celui de l'homme, le coeur de la plupart des espèces animales se divise en quatre parties. Certaines espèces primitives, comme la méduse, n'en ont pas. La circulation se fait alors par diffusion. Le coeur des espèces animales inférieures ne comporte qu'une seule cavité, c'est-à-dire une seule pompe. On peut

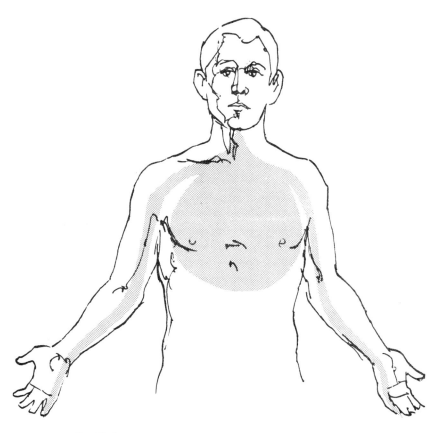

Fig. 10: les parties du corps représentées en gris sur le dessin ci-dessus sont celles où la douleur angineuse peut se manifester.

considérer que le coeur humain se compose de quatre pompes distinctes (fig. 7).

Les parois de chaque pompe forment le muscle cardiaque, très différent des muscles du squelette qui meuvent les bras, les jambes et les autres parties du corps et qui ne se contractent qu'au moment où le mouvement devient nécessaire. Le muscle cardiaque, par contre, se contracte régulièrement. Ses contractions débutent quand le bébé est encore dans le ventre de sa mère et se poursuivent nuit et jour jusqu'à la mort.

Le coeur éjecte le sang dans les autres parties de l'organisme mais doit en recevoir aussi. Voilà pourquoi le grand flux générateur de vie revient à son point de départ. Le sang retourne au coeur. Et ce sont les artères coronaires, situées sur sa paroi extérieure, qui l'alimentent. Ces artères se ramifient en artères de plus en plus petites, qui se subdivisent à leur tour en artérioles et qui, s'enfonçant dans le muscle cardiaque, y abreuvent des territoires distincts.

Géographie fascinante et compliquée, le réseau des artères coronaires ressemble à une sorte d'arbre artériel avec ses branches maîtresses et ses ramifications, de plus en plus petites au fur et à mesure que l'on s'éloigne du tronc. La circulation du sang y présente quelque analogie avec un système d'irrigation. Deux canalisations principales - les artères coronaires gauche et droite - quittent un vaste réservoir (l'aorte) maintenu derrière un barrage (fig. 8). L'artère coronaire gauche se divise en deux: artère coronaire descendante antérieure et artère coronaire circonflexe. Le réseau se ramifie ensuite en canalisations de plus en plus étroites - les artères de plus faible calibre - qui alimentent à leur tour de minuscules conduits: les artérioles myocardiques.

Dans un système d'irrigation, chaque gros tuyau dessert un territoire spécifique, comme aussi chaque artère coronaire (fig. 8). Si l'un des tuyaux se bloque, la région qu'il irriguait ne reçoit plus assez d'eau. Les arbres et la végétation y sèchent et meurent. Dans le système d'irrigation coronaire, les problèmes - quand il y en a - se présentent souvent de façon disséminée. Ils frappent non seulement les grandes canalisations mais de nombreux autres conduits à la surface du coeur. Par contre, les extrémités des conduits qui s'enfoncent dans le muscle cardiaque - et ainsi l'alimentent, restent intactes. Cette partie du système coronaire, le réseau artériolaire myocardique, ne se bloque jamais, sauf chez des patients atteints de diabète grave et chez ceux qui souffrent d'hypertension depuis longtemps.

C'est là qu'intervient la chirurgie de revascularisation. Les artères mammaires internes greffées dans les parois cardiaques gauche et droite rejoignent les vaisseaux artériolaires restés sains. L'opération ressemble à l'installation d'un tuyau neuf dans un pipeline (fig. 9). Il est difficile de réparer un tuyau rouillé dans le sol, et le débloquer ne constitue pas une solution durable. Il vaut mieux poser une canalisation neuve et résistante. L'analogie reste valable dans le cas des artères coronaires: il vaut également mieux poser de nouveaux conduits qui ne peuvent s'endommager. Et, pour cela, les artères mammaires sont idéales.

Dans la plupart des coeurs humains, chaque artère coronaire alimente un réseau de canalisations artériolaires distinct (fig. 8). Pour irriguer une région sèche et pour que l'eau puisse circuler d'une zone à l'autre, il faut ouvrir les vannes entre systèmes de canalisations voisins, c'est-à-dire, dans le coeur humain, entre les divers réseaux artériolaires myocardiques séparés.

Quand on le compare à un système d'irrigation, le réseau des artères coronaires se comprend assez facilement. De fait, les problèmes qui surgissent dans un système industriel sont analogues à ceux qui se produisent dans le réseau coronaire. Ce qui endommage une tuyauterie commerciale abîme aussi les vaisseaux sanguins de l'organisme.

J'aborderai plus tard les causes probables de l'insuffisance coronarienne; que l'on se borne, pour le moment, à en retenir la conséquence, toujours identique: une réduction de la quantité de sang oxygéné qui parvient au coeur.

En voilà assez pour les explications magistrales! Il s'agirait maintenant de passer à l'étude des maladies cardiaques du point de vue du malade.

L'angine de poitrine

Devenue courante ces dernières années, l'expression "angine de poitrine" signifie douleur dans la poitrine ou dans la région des mamelons (fig. 10). Les causes de cette douleur sont multiples, mais on l'associe le plus souvent au rétrécissement du calibre d'une ou plusieurs artères coronaires. L'angine de poitrine est une sorte de signal d'alarme envoyé au cerveau pour lui dire que le muscle cardiaque ne reçoit plus assez de sang oxygéné pour fonctionner comme il faut.

La douleur se fait sentir tantôt dans la région des mamelons, tantôt au centre même de la poitrine. Elle irradie parfois dans le bras gauche ou dans les deux bras, monte vers le cou et peut même descendre vers le bas jusqu'à l'abdomen. Elle dure parfois très peu longtemps et cesse en même temps que ce qui l'a provoquée.

Dans certains cas, la douleur est véritablement intolérable. Un de mes malades la comparait à un éléphant qui se serait assis sur sa poitrine; un autre se sentait comme broyé dans un étau. Cette douleur peut disparaître et ne plus revenir avant plusieurs jours ou même plusieurs années. Mais après l'avoir éprouvée une fois, il est vital de consulter un cardiologue.

La vraie douleur angineuse naît quand la pompe musculaire du ventricule gauche, et en plus parfois celle du ventricule droit, ne reçoivent plus assez de sang oxygéné. Il faut de moins en moins d'effort et d'excitation pour provoquer la douleur anginale, à mesure que se rétrécit le calibre des artères qui approvisionnent le coeur. Une fois les trois artères coronaires obstruées, il arrive au muscle cardiaque tellement peu de sang oxygéné qu'il ne peut plus continuer à pomper efficacement.

Dans certains cas avancés, le coeur ne reçoit même plus assez de sang pour maintenir une circulation minimale sans que se manifeste la douleur angineuse, même lorsque le malade se trouve au repos dans un fauteuil ou dans son lit. Cette douleur m'a toujours fait penser à une sorte de lumière rouge. En vingt-quatre heures, elle s'allume parfois plus de quarante fois et, chaque fois qu'elle s'allume, cela signifie que le réservoir de la pompe cardiaque est à sec.

Cette angine que l'on éprouve au repos s'appelle "angine de décubitus", c'est-à-dire angine de poitrine qui se manifeste sans cause extérieure d'excitation.

Quand une artère coronaire se bloque tout à fait, la partie du muscle cardiaque qu'elle alimentait ne reçoit plus de sang et devient aride, tout comme dans un système d'irrigation. Lorsqu'un tuyau se bouche (fig. 8), la végétation de la région privée d'eau se dessèche et meurt. De la même façon, lorsqu'une artère se bloque ou s'obstrue notablement, la partie du coeur non irriguée de sang frais cesse de se contracter et meurt. L'arrêt complet du coeur provoque la mort. Mais il continue de battre s'il n'est que partiellement touché. Le malade est alors victime de ce qu'on appelle un infarctus du myocarde, c'est-à-dire une crise cardiaque.

Signe habituel d'une crise cardiaque grave, cette douleur violente et presque insupportable au centre de la poitrine ne disparaît pas, à la différence des autres douleurs angineuses. Elle persiste même quand l'excitation ou l'action qui la provoquait a cessé. D'habitude, le malade a froid. Il est moite, en sueur et se sent faible. A la différence aussi des autres douleurs angineuses, les médicaments - comme la nitroglycérine - ne l'atténuent pas. Il faut parfois pour la calmer plusieurs injections de morphine. Il est indispensable, après une crise cardiaque, d'appeler d'urgence le médecin et d'hospitaliser la victime dans une unité coronarienne de soins intensifs. La durée de cette douleur varie d'une heure à quelques jours.

Une première crise cardiaque provoque la mort dans près de 15 pour cent des cas. Certains de ceux qui en réchappent, donc une partie des 85 pour cent qui restent, se rétablissent parfois complètement et n'éprouvent plus aucune douleur au coeur, c'est-à-dire ne souffrent plus de douleur angineuse pendant de nombreuses années.

Ils ne présentent plus aucun symptôme d'insuffisance cardiaque et mènent une vie active et normale. Hélas! le plus souvent le rétablissement n'est pas complet. Dans la plupart des cas, la douleur se fait plus fréquente qu'avant la crise. Le travail et l'effort physique deviennent de plus en plus difficiles et dangereux.

Chaque année, le risque de décès des cardiaques après une première crise est de 15 pour cent. Après un second infarctus, il en meurt de 18 à 20 pour cent par an. Après trois crises, les perspectives sont bien sûr très sombres. Sur cent malades, la plupart de ceux qui continuent de souffrir de douleur angineuse meurent en moins de cinq ans.

Il faut établir une distinction importante entre ceux qui n'ont plus mal après leur crise et ceux qui continuent de souffrir, parfois même plus fort qu'avant.

Le muscle cardiaque des premiers ne meurt que partiellement en même temps que les terminaisons nerveuses qui se trouvent dans la région lésée. Des cicatrices qui ne contiennent aucun nerf couvrent la partie touchée. Ces personnes ne souffrent pas parce que leurs autres artères continuent de fournir assez de sang oxygéné à la partie restée saine de leur coeur.

Pour les seconds, ceux dont la douleur persiste ou s'accentue après une crise, trop peu de sang arrive à la partie valide du muscle cardiaque. Il ne parvient plus à fonctionner comme il faut. Le cerveau enregistre donc des signaux de détresse. Ces coeurs, qui ont perdu de 20 à 30 pour cent de leur puissance musculaire, ont de plus en plus de difficulté à effectuer leur travail et à se contracter comme le requiert une vie normale.

Un coeur sain éjecte le sang dans l'aorte - le plus gros vaisseau sanguin qui vient du coeur et duquel relève tout le système artériel - au rythme d'au moins 6,5 pintes à la minute (fig. 1). C'est ce qu'on appelle le débit cardiaque. Ce sang frais oxygéné atteint toutes les parties de l'organisme et livre à chaque cellule vivante les sucres, protéines, lipides, sels et oxygène dont elle a besoin. La pompe - en fait, la paroi musculaire du ventricule gauche - doit être saine. Après une crise cardiaque, une cicatrice remplace la partie morte du coeur. Pendant la guérison, cette cicatrice forme sur la paroi ventriculaire gauche une surface légèrement bombée qui ne se contracte pas.

Lorsque la lésion est vaste, la pompe gauche endommagée parfois ne parvient plus à éjecter tout le sang oxygéné qu'elle reçoit. Une sorte de stagnation se produit. Le plasma sanguin reste dans les poumons, les durcit et les empêche d'échanger les gaz, avec pour conséquence une mauvaise oxygénation de l'organisme.

Quand, en plus, la pompe ventriculaire droite fait défaut, le plasma reste dans l'abdomen et dans les jambes qui, généralement, se mettent à gonfler. Ce sont des signes de ce qu'on appelle communément l'insuffisance cardiaque.

L'insuffisance cardiaque est une affection qui se développe sans infarctus du myocarde, sans crise cardiaque. Le muscle cardiaque, toujours vivant, est terriblement affaibli. Il manque de sang oxygéné parce que les artères sont obstruées. Le coeur ne meurt pas mais il se contracte si faiblement qu'il ne parvient plus à éjecter assez de sang pour maintenir l'organisme en bonne santé. Le plasma sanguin stagne dans les poumons, l'abdomen et les jambes.

Le coeur, cette mécanique délicate, nous est bien connu. Mais notre vaste savoir est-il seulement d'ordre théorique? Nous sert-il à quelque chose dans le concret? Et l'art de poser un diagnostic? Que valent les méthodes de détection des maladies cardiaques? Les médecins sont-ils capables de reconnaître et d'identifier les causes de la douleur angineuse?

C'est de tout cela que va traiter le chapitre suivant.

CHAPITRE 3

La crise cardiaque - Le diagnostic

Parfois la crise cardiaque frappe à une vitesse foudroyante. Elle paralyse sa victime ou bien la tue. Dans d'autres cas, elle s'annonce lentement, précédée de nombreux signes avant-coureurs qui laissent le temps d'intervenir avant qu'il ne soit trop tard.

Bon nombre de douleurs et de maux de tous les jours sont d'origine musculaire: conséquences d'une crampe, d'une entorse ou simplement d'un effort trop violent. Mais certaines ne le sont pas. Pouvoir à coup sûr identifier les signes précurseurs du danger représente souvent la différence entre la vie et la mort.

Sans vouloir entrer dans le détail, il est essentiel de retenir les points suivants:

Toute douleur au centre de la poitrine, n'importe où le long de la cage thoracique, autour des mamelons ou dans le bras gauche, dans l'épaule ou le cou doit être considérée comme un avertissement.

Si la douleur survient pendant une période d'intense émotion ou d'excitation et disparaît rapidement dès que cette excitation ou cette émotion ont cessé, il faut garder l'incident en mémoire.

Si la même douleur se produit plus tard dans des circonstances analogues, il faut consulter un médecin; il y a risque de crise cardiaque.

Le même conseil s'applique à celui ou à celle qu'un effort physique comme grimper un escalier, par exemple, fait souffrir.

La première douleur est un simple avertissement. La seconde, si elle se produit dans les mêmes circonstances, est un avertissement beaucoup plus sérieux. Et si la douleur se répète, il faut la considérer comme un signal d'alarme.

Il est peut-être difficile au début de distinguer les signes qui avertissent vraiment du danger. Mais s'il s'agit réellement d'une crise cardiaque, il y a de bonnes chances que l'on s'en rende vite compte.

Souvent, la douleur est très forte, presque insoutenable.

Elle se produit, d'habitude, au centre de la poitrine; parfois dans sa partie inférieure ou dans les bras (fig. 10).

On dirait un poing qui sans pitié fracasse la cage thoracique. Ou un étau d'acier qui broie la poitrine.

Il est difficile, voire impossible, de respirer profondément.

Les mains se font froides et moites.

Le front se couvre de sueur; le plus souvent, d'une sueur froide.

Le visage devient gris.

En soi, la douleur ressemble à celle qu'on éprouve lors d'une crise de foie ou d'une indigestion. Cependant, si elle s'accompagne de sueur - ce qui est rare lors de problèmes biliaires ou d'une indigestion - il s'agit presque à coup sûr d'une crise cardiaque.

Lorsqu'on éprouve ces symptômes, il faut se coucher à plat ou maintenu par des oreillers, selon qu'on se sente mieux dans l'une ou dans l'autre position, et rester aussi immobile que possible pendant une demi-heure; si la douleur persiste, il faut téléphoner à un médecin ou à l'hôpital et, si c'est impossible, appeler la police.

Ces recommandations valent pour ceux qui font leur première crise mais aussi pour ceux qui ont déjà un passé de douleur angineuse.

Je conseille à ceux qui sont dans la seconde catégorie et à qui l'on a prescrit des médicaments de les prendre. Les tablettes de nitroglycérine s'avèrent souvent efficaces; sinon, il faut se rendre à l'hôpital aussi vite que possible.

Identifier les symptômes

Pouvoir identifier les symptômes de la crise cardiaque peut vous sauver la vie, et pouvoir les décrire comme il faut à votre médecin l'aide à établir un diagnostic exact et précis.

Malgré le perfectionnement des équipements, le moyen le plus

Si vous avez mal dans la poitrine, voyez un médecin.

important de poser un diagnostic sur la douleur angineuse causée par les maladies coronariennes reste la description qu'en fait le malade. Le cardiologue avisé passe une heure, et même plus parfois, à interroger le patient sur la douleur qu'il éprouve. Il est essentiel pour lui d'en connaître l'histoire dès le premier instant où le malade en a pris conscience.

Un médecin expérimenté insiste pour connaître tous les faits. Ses questions, comme en témoigne le rapport de cas repris ci-dessous, sont complètes et exhaustives.

—*Quand avez-vous vraiment cessé d'être en forme? demande le cardiologue.*

—*Il y a près de quatre ans, répond le malade.*

—*Que vous est-il arrivé à ce moment-là?*

—*J'étais en train de pelleter la neige et j'ai eu très mal au centre de la poitrine.*

—*Avez-vous arrêté?*

—*Oui.*

—*Est-ce que la douleur a cessé?*

—*Oui.*

"Je pelletais de la neige et j'ai ressenti une terrible douleur au centre de la poitrine."

*Tout médecin expérimenté
veut connaître tous
les faits.*

—*Avez-vous éprouvé la même douleur dans d'autres circonstances?*

—*Oui, deux ans plus tard. Je courais après l'autobus. Il faisait froid et j'ai eu de nouveau très mal.*

—*Vous est-il arrivé que cette douleur dure longtemps?*

—*Oui, il y a environ un an. Juste après le souper. J'ai eu mal toute la nuit.*

—*Étiez-vous en sueur?*

—*Oui.*

—*Avez-vous appelé un médecin?*

—*Oui. Selon lui, j'avais eu une crise cardiaque. Il m'a envoyé à l'hôpital.*

—*Pendant combien de temps avez-vous cessé de travailler?*

—*Environ trois mois.*

—*Avez-vous mal maintenant?*

—*Oui.*

—*Quand?*

La douleur diffère d'un malade à l'autre. Elle varie même de temps en temps chez le même malade. Les réponses à cette question sont donc souvent très diverses. Pour l'un, c'est quand il se lève le matin. Pour l'autre, après le petit déjeuner. Ou encore, pour un troisième, quand il sort sa voiture du garage. La réponse du malade détermine les questions suivantes.

—*Je n'ai pas mal, sauf au travail, souligne quelqu'un.*

—*Selon vous, au travail, qu'est-ce qui provoque la douleur? demande le médecin.*

—*Diverses choses! Parfois j'ai mal quand je me fâche, ou après une longue conversation téléphonique, ou quand j'assiste à une réunion qui n'en finit pas. Parfois même, il suffit que je soulève un objet un peu lourd.*

—*Est-ce que les médicaments vous soulagent?*

—*La nitroglycérine, oui!*

—*Après combien de temps?*

—*Trois ou quatre minutes.*

Il faut tenir compte de nombreuses variantes. Certains malades, par exemple, n'éprouvent pas de douleur à la poitrine avant une crise. D'autres ont des crises "*silencieuses*": aucun signal douloureux ne les informe qu'ils font une crise cardiaque.

Mais dans la plupart des cas, la douleur angineuse se manifeste de la même façon: au centre de la poitrine. On se sent oppressé, écrasé dans un étau. La douleur traverse les régions pectorales et parfois descend le long du bras gauche ou dans les deux bras, monte dans le cou, ou encore traverse la cage thoracique vers le dos jusqu'aux clavicules. L'excitation, l'effort, l'essoufflement, entre autres, la provoquent. Elle se produit aussi après les repas. Quand la cause du mal disparaît, la douleur s'estompe également. D'ailleurs, elle ne dure généralement pas plus de quelques minutes.

La fréquence de ces douleurs varie également d'un malade à l'autre. Quelqu'un peut ne pas avoir mal pendant deux semaines et ensuite souffrir deux ou trois fois par jour. La douleur angineuse produit très fréquemment une sensation de brûlure souvent confondue avec l'indigestion.

Une entrevue typique d'un cardiologue et de son malade se poursuivrait ainsi:

—*Quelle distance pouvez-vous franchir dans la rue en marchant d'un pas normal?*

—*Deux coins de rue environ.*

—*Que se passe-t-il alors?*

—*Je m'arrête parce que j'ai mal.*

—*Est-ce que la nitroglycérine vous soulage?*

—*Oui.*

—*La nuit, utilisez-vous plus d'un oreiller?*

—*J'en utilise trois.*

—*Trois? pourquoi?*

—*Parce que j'ai le souffle court et j'ai mal dans la poitrine.*

—*Prenez-vous un petit déjeuner copieux?*

—*Souvent! Et quand je le fais, j'ai encore mal.*

—*Avez-vous déjà eu les jambes gonflées?,*

—*Plus maintenant, mais elles l'étaient il n'y a pas si longtemps.*

—*Qu'est-il arrivé?*

—*Mon médecin m'a prescrit des médicaments pour éliminer le plasma.*

Le plasma est un indicateur important. Celui qui en retient une quantité excessive souffre sans doute à un degré ou un autre d'insuffisance cardiaque.

—*Quand vous marchez dans la rue, vous êtes obligé de vous arrêter parce que vous vous essoufflez vite. Voulez-vous dire que vous haletez comme un chien qui court?*

—*Non. J'ai du mal à respirer parce que j'ai comme un poids sur la poitrine.*

—*Si vous marchez par une journée froide ou venteuse, ressentez-vous cette douleur?*

—*Oui.*

La description de ses malaises par le malade renseigne bien sur

La nitroglycérine apaise, d'habitude, la douleur.

son état. Ce "poids sur la poitrine" dont il parle témoigne d'un problème artériel et non d'un simple *essoufflement*. Le fait que la douleur se manifeste quand il marche constitue un autre indice d'insuffisance cardiaque. Une douleur qui survient sans effort physique ou sans excitation apparente n'a le plus souvent aucun rapport avec l'insuffisance cardiaque. Elle peut résulter de troubles de la vésicule biliaire, d'une hernie hiatale (quand une partie de l'estomac déborde dans le thorax) ou de problèmes aux disques cervicaux.

Le facteur héréditaire

L'insuffisance coronarienne, comme le diabète, tend à se retrouver chez plusieurs membres d'une même famille. Le médecin doit donc étudier attentivement la parenté du malade.

A titre d'exemple, je cite le cas d'un de mes malades, médecin lui-même à Tampa, en Floride, et ancien joueur de football. Il est venu me voir alors qu'il se remettait d'une crise cardiaque. Il n'avait pas mal. Mais ses trois frères souffraient de douleurs angineuses et cela le tracassait.

J'ai pris un ciné-coronaro-antériogramme (voir lexique) de ses artères et j'ai découvert que ses trois artères coronaires étaient affectées. Il ne présentait aucun symptôme et pourtant j'ai recommandé l'intervention chirurgicale. Le patient, médecin lui-même comme je l'ai dit, décida d'en rester là et de retourner en Floride. Quelque temps plus tard, il m'a téléphoné.

— Pouvez-vous m'opérer le plus vite possible?

— Qu'est-ce qui presse tant?

— Je vous avais parlé de mes trois frères qui souffraient de douleurs angineuses. Eh bien, deux d'entre eux sont morts depuis que je vous ai vu! Le troisième vient de faire une crise cardiaque. Il est hospitalisé.

Je me rendis à la demande du médecin de Tampa et l'opérai. Il était le seul patient sans symptômes - et il l'est toujours - que j'aie jamais opéré. Je l'ai opéré juste sur la foi de son histoire familiale et, bien sûr, à cause de la gravité des occlusions de ses artères coronaires que révéla la ciné-coronarographie.

L'histoire familiale d'un malade est très révélatrice. Personnellement, j'insiste toujours pour connaître l'histoire médicale des frères et des soeurs de mes patients, et celle de leurs parents et de leurs grands-parents. Je veux savoir qui dans la famille souffrait d'insuffisance coronarienne et qui en est décédé.

Je m'inquiète aussi de savoir si certains des proches ont trop de cholestérol dans le sang ou trop de triglycérides - affection provoquée par l'inaptitude à transformer les lipides sanguins de certains aliments. La plupart des médecins s'accordent à reconnaître qu'un taux de cholestérol sanguin élevé et une quantité excessive de triglycérides ont également tendance à être héréditaires. Si ces maladies se retrouvent dans l'histoire familiale d'un patient, sa douleur angineuse est sans doute d'origine coronaire.

Il me semble utile, avant de poursuivre, de faire une petite mise en garde. Il ne faut pas déduire, parce qu'il n'existe dans la famille aucun cas d'insuffisance coronarienne, qu'on n'en souffrira soi-même jamais. Personne ne peut s'abriter derrière un héritage sain. Même la machine la plus solide se brise quand on s'en sert mal ou quand on en abuse.

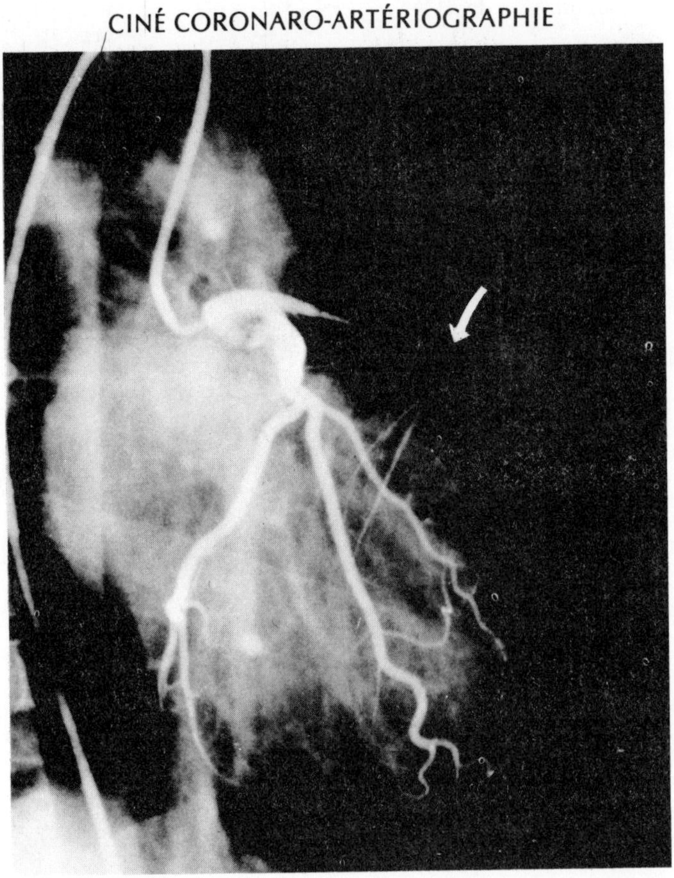

Fig. 11: Reproduction de l'artériogramme d'une artère coronaire gauche lésée révélant les irrégularités de l'artère et ses points d'obstruction.

Il existe d'autres maladies fréquemment associées à l'insuffisance coronarienne. Les patients, par exemple, qui souffrent d'hypertension artérielle ou de diabète persistant ont tendance à développer l'*athérosclérose*, surtout dans les artères coronaires. Cette maladie durcit la paroi des artères, les rend fragiles, provoque le rétrécissement de leur calibre et parfois les bloque.

Des artères endommagées partout ailleurs dans l'organisme - dans les jambes, par exemple (ce qui provoque des crampes aux mollets, même après de courtes marches), ou certaines lésions dans un des vaisseaux sanguins du cou (cause de vertiges) - sont autant de signes d'une possible athérosclérose coronaire. Après une hystérectomie, certaines jeunes femmes en souffrent parfois. Enlever les

*Il ne sert à rien de traiter
un coeur malade s'il existe des
sources d'infection ailleurs
dans l'organisme.*

ovaires a souvent pour effet de stopper la production d'oestrogènes.
Et l'on pense que les oestrogènes protègent la femme de l'insuffisance coronarienne.

Tout au long de ma pratique médicale, j'ai toujours pensé qu'il
fallait soigner tout le malade, et pas seulement une partie de son
organisme. A quoi sert de traiter le coeur s'il reste des sources
d'infection ailleurs dans le corps? Il faut que toute infection
disparaisse avant de procéder à une intervention chirurgicale.
Chaque patient qui vient me voir passe donc une série complète
d'examens.

Je fais vérifier ses sinus, ses dents, son appareil urinaire et
génital. Je fais prendre des rayons X de sa poitrine, de son estomac,
de sa vésicule biliaire et de son gros intestin. J'examine le format de
son coeur, sa puissance de contraction. Je recherche les anévrismes
(zones lésées de la paroi du ventricule). Je procède à des analyses

poussées des substances chimiques du sang, surtout si le malade a pris des diurétiques, ces médicaments qui éliminent l'excès de liquide organique. J'étudie, entre autres, le mécanisme de coagulation de son sang. S'il a tendance à se coaguler vite, le malade court un risque supplémentaire.

L'électrocardiogramme

En plus des autres examens, il faut prendre un électrocardiogramme, et le comparer si possible aux électrocardiogrammes précédents.

Plusieurs comprennent mal cette technique pourtant simple. Le coeur en se contractant produit un influx électrique. C'est cela qu'enregistre l'électrocardiogramme. Il détecte aussi, grâce à la transformation de l'activité électrique de ces régions, les parties du coeur qui se contractent mal parce qu'elles ne recoivent pas assez de sang ou parce qu'elles sont couvertes d'une cicatrice.

Quelle est l'efficacité de l'électrocardiogramme pour repérer les zones malades du coeur?

Nul ne peut en nier la valeur. Dans de nombreux cas, l'électro-cardiogramme s'est avéré très utile et beaucoup de gens lui doivent sans doute la vie, qui ont pu, grâce à lui, recevoir une aide médicale quand il était encore temps.

Mais il existe un revers à la médaille. Et cela aussi, il faut le comprendre. Il y a parfois des erreurs. Tout médecin, à un moment ou l'autre, est déjà tombé sur un ECG (électrocardiogramme) erroné, même dans le cas de malades atteints d'insuffisance coro-narienne de façon évidente. Je connais plus d'une famille révoltée parce qu'une crise cardiaque fatale a terrassé l'un des siens juste après qu'un électrocardiogramme lui eut délivré un irréfutable bulletin de bonne santé. C'est triste mais hélas! trop souvent l'ECG d'un patient semble normal quand ses artères coronaires sont dangereusement touchées.

Il est difficile de négliger ce facteur d'erreur. Selon les estima-tions, de 20 à 30 pour cent de tous les électrocardiogrammes seraient faux. On ne peut que plaindre les malheureux malades dont le médecin base son diagnostic sur une technique si peu fiable.

Et les erreurs se retrouvent non seulement dans les électro-cardiogrammes pris au repos mais aussi dans ceux qu'on prend au moment où le malade fait de l'exercice. Si, au repos, son ECG est normal, il est possible qu'on procède à un autre type d'électro-cardiogramme. On demande alors au malade de se soumettre au *test d'effort de Master*: il doit monter et descendre deux marches un certain nombre de fois (en fonction de son âge et de sa corpulence). Sous stricte surveillance médicale, le test ne présente aucun danger. S'il y a menace de crise cardiaque, il ne faut l'entreprendre sous aucun prétexte. Beaucoup de centres médicaux remplacent le test de Master par un test d'effort sur un tapis roulant. Un électro-cardiogramme enregistre l'activité du coeur du malade pendant l'exercice.

La ciné-coronaro-artériographie

L'électrocardiogramme est peu fiable. Je n'emploie jamais cette méthode de diagnostic seule. Aucun médecin ne devrait le faire.

Il existe, heureusement, d'autres examens dont le plus impor-

Le test d'effort de Master.

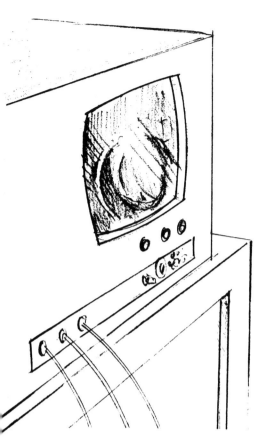

La ciné-coronaro-artériographie est l'examen le plus important.

tant reste, sans conteste, cette technique remarquable appelée ciné-coronaro-artériographie, grâce à laquelle on obtient une animation - une image en mouvement - de ce qui se passe dans le système coronaire. Cette image s'appelle artériogramme coronaire.

L'examen s'effectue en hôpital. Le patient se couche sur une table. On lui introduit un tube minuscule dans une artère de la jambe ou du bras jusqu'à l'artère coronaire gauche. On injecte par ce tube une petite quantité de solution visible aux rayons X. La solution se répand dans le tronc de l'artère coronaire et dans ses ramifications. Un intensificateur d'image (sorte de caméra très complexe) filme tout le processus et permet de suivre le mouvement de la solution.

Après l'examen de l'artère coronaire gauche, on glisse le tube par l'aorte dans la cavité ventriculaire gauche pour y enregistrer la pression. On injecte une nouvelle dose de solution qui se répand sur les parois du ventricule gauche et permet de déceler les zones qui ne se contractent pas, soit parce qu'elles sont atteintes d'ischémie

(c'est-à-dire qu'elles manquent de sang oxygéné) ou parce qu'une cicatrice a remplacé la partie morte du muscle. La solution révèle l'épaisseur ou la minceur de la paroi du ventricule et met en relief les anévrismes ventriculaires - poches qui résultent de l'altération de la paroi, semblables aux points faibles d'une chambre à air. Le procédé permet aussi de vérifier l'état des valves qui protègent l'entrée et la sortie de cette cavité du coeur.

On développe le film et on le projette sur un écran. Les médecins se rendent compte ainsi de l'état de l'intérieur de chaque vaisseau sanguin du système coronaire, et de l'activité du coeur lui-même.

La ciné-coronaro-artériographie ne révèle pas l'insuffisance coronarienne dans toute son ampleur. Certain dépôts, par exemple, lorsqu'ils n'obstruent pas complètement l'artère peuvent ne pas se remarquer. Mais, d'habitude, on distingue très bien les vaisseaux sains des artères rétrécies ou complètement fermées. L'artériographie localise les lésions avec assez de précision. Elle indique en outre quelle artère coronaire reste assez libre pour alimenter le coeur (fig. 11) et renseigne sur l'état des parois des ventricules.

En dernière analyse, le diagnostic définitif de toute maladie se pose dans les laboratoires de pathologie. L'ultime verdict revient au pathologiste. A moins de faire un prélèvement et de le faire examiner par un pathologiste, il est impossible d'attribuer avec certitude au cancer une tache décelée aux rayons X sur la partie supérieure du poumon. Même chose pour un kyste au sein, facile à détecter de nos jours grâce aux rayons X ou par ce procédé qu'on appelle thermographie. Les radiographies peuvent tendre à indiquer la présence d'un cancer du sein mais le diagnostic définitif repose sur un prélèvement du kyste et son examen pathologique.

La même remarque s'impose pour l'insuffisance coronarienne. Les examens des pathologistes dans les salles d'autopsie, et non la ciné-artériographie, déterminent avec exactitude l'ampleur et la distribution des lésions coronariennes. Par conséquent, lorsqu'il procède à une chirurgie de revascularisation, le chirurgien découvre souvent, en cours d'opération, des lésions au coeur ou aux artères plus importantes que ce dont attestaient les électrocardiogrammes et la ciné-coronaro-artériographie.

C'est un fait: les pleins ravages de l'insuffisance coronarienne se constatent à l'autopsie. Mais il existe un autre fait: des procédés de diagnostic de plus en plus raffinés permettent aujourd'hui de détecter la maladie avant qu'il ne soit trop tard, et les Nord-américains toujours en vie parce que le médecin a diagnostiqué leur maladie à temps sont extrêmement nombreux.

CHAPITRE 4

Le stress - Le coeur et les tensions de la vie

Le stress est un mal perfide dont tout le monde souffre à un moment ou l'autre et qui semble, hélas! poursuivre certaines personnes tout au long de leur existence. Il inflige à ses victimes des ulcères d'estomac, des irritations intestinales, des crises cardiaques et, dans certains cas, provoque même la mort.

Une certaine dose de stress peut être bénéfique, comme l'ont suggéré quelques-uns. Mais les dangers qu'il présente pour un cardiaque sont multiples et réels.

Dès la fin du XIXe siècle, une personnalité réputée, sir William Osler, de l'université McGill et de l'université John Hopkins, avait attiré l'attention sur le rôle déterminant du stress dans le développement de l'athérosclérose des artères coronaires. La recherche a, depuis, confirmé la véracité de ses observations.

Chez certaines personnes, le stress élève la pression artérielle, avec toutes les conséquences néfastes qui s'en suivent:

> Lorsqu'on se fait beaucoup de soucis, lorsqu'on travaille constamment sous tension, la pression artérielle risque d'augmenter dangereusement.

Le stress est l'un des facteurs de risque de maladie cardiaque. Il est facile de comprendre à quel point il peut affecter le coeur lorsqu'on sait qu'il s'associe souvent, à un degré ou l'autre, à un ou à plusieurs des principaux facteurs de risque d'insuffisance coronarienne.

Une pauvre veuve se plaint de ce que le travail ait finalement tué son mari. A lui seul, le stress n'est peut-être pas responsable de la mort mais il a sans doute donné le coup de grâce. Si des dépôts de lipides, par exemple, obstruaient les artères coronaires de l'individu

Le stress élève parfois dangereusement la pression artérielle.

en question, la surcharge inhérente à tout stress n'a fait qu'amplifier les risques de crise.

Le stress augmente les pulsions cardiaques (la fréquence des battements du coeur). Le coeur, lorsqu'il bat plus vite, a besoin de plus de sang oxygéné que ne peuvent lui en fournir des artères coronaires obstruées.

Lorsque des artères obstruées l'alimentent, la paralysie finit par le gagner. Le coeur cesse alors de se contracter. Le patient souffre d'angine les quelques heures ou les quelques jours qui suivent. Puis une partie du muscle meurt et le malade fait une crise cardiaque.

Le stress présente un danger particulier dans les cas de diabète, ce désordre du métabolisme qui empêche l'organisme de profiter adéquatement des sucres et des lipides sanguins. Le diabétique vit pour ainsi dire un double danger.

A cause de sa nature même, le diabète détraque le métabolisme, c'est-à-dire le processus de transformation des aliments et des autres substances que l'on mange en tissu organique ou en énergie. Les lipides sanguins comme le cholestérol et les triglycérides sont mal utilisés, avec pour conséquence directe l'athérosclérose.

Le diabète constitue évidemment une maladie en soi mais le lien diabète-insuffisance cardiaque est beaucoup plus que simplement accidentel. Il est notoire que les deux tiers des diabétiques développent à la longue des problèmes cardiovasculaires.

Un diabétique qui a déjà une propension à l'insuffisance coronarienne doit donc résolument fuir tout stress qui pourrait ajouter ne fût-ce qu'une charge minime à système artériel déjà surchargé.

Le stress se combine si étroitement aux autres facteurs de risque coronarien qu'il devient difficile à identifier. Une personne stressée se fatigue vite. L'épuisement lui ôte toute envie de s'adonner à l'une des thérapies naturelles les plus efficaces: l'exercice physique. Sans exercice physique, on risque fort de grossir trop, et le surcroît de graisse constitue en soi un autre facteur de risque d'insuffisance cardiaque.

Le tabac et l'alcool

Fumer, entre tous les facteurs de risque d'insuffisance cardiaque, est sans doute l'un des pires, sinon *le pire*. Le tabac affecte le système nerveux, les poumons et le coeur. Son effet sur la circulation sanguine est un véritable désastre. Selon certaines évidences

cliniques, les fumeurs développent dans le sang une substance qui en augmente la vitesse de coagulation.

Fumer provoque parfois l'insuffisance cardiaque, avec de surcroît tous les effets néfastes du stress, si bien dissimulés qu'on a peine à les identifier.

Véritable cercle vicieux, la combinaison stress-tabac piège réellement certains malheureux fumeurs. Celui qui s'énerve prend une cigarette et s'imagine qu'elle va le calmer. Mais c'est tout le contraire. Le tabac irrite le système nerveux. De plus en plus excité, après une première cigarette on en reprend une autre, et encore une

Le tabac constitue sans doute le plus haut facteur de risque d'insuffisance coronarienne. L'alcool détend parfois, mais en abuser accroît le stress de la vie.

autre. Au lieu de baisser, la tension nerveuse augmente chaque fois.

L'individu tendu qui cherche à se soulager de son stress en fumant risque d'obstruer ses artères encore plus qu'elles le sont peut-être déjà.

Le tabac représente un risque inutile dont chacun peut se débarrasser. Oh! je connais bien tous les arguments qu'avancent les fumeurs pour expliquer combien c'est difficile. Pourtant c'est vrai: tout le monde *est capable* d'arrêter de fumer.

Cessez de fumer!

Je le dis de façon catégorique et sans réserve: Arrêtez-vous! Prolongez votre vie de plusieurs années. Si vous continuez, vous vous suicidez à petit feu. Fumer, souvenez-vous-en, ne diminue pas le stress. Au contraire, le tabac rend de plus en plus nerveux.

Et l'alcool? demandez-vous. Est-ce que l'alcool figure sur la liste des interdits aux côtés du tabac?

Selon moi, certaines personnes devraient s'abstenir de boire. Les diabétiques, par exemple, parce que l'alcool augmente la quantité de sucres sanguins et que les diabétiques ont déjà des problèmes de cet ordre-là; ou encore ceux qui souffrent d'hypertension. L'alcool parfois a un effet néfaste sur la pression artérielle.

Mais, s'il n'existe pas de contre-indication particulière, mon conseil est simple: que celui qui aime boire, boive! Mais sans excès. En d'autres termes: si prendre un verre ou deux détend quelqu'un, l'alcool est sans doute bon pour lui. Parfois même je le recommande à certains de mes malades.

Je ne parle pas ici de ceux qui noient leurs soucis dans l'alcool chaque soir. Ceux-là doivent s'attendre à des problèmes. Sans compter les dommages qu'ils font subir à leur foie et à leurs reins, ils s'ajoutent à coup sûr une bonne dose de stress supplémentaire. Travailler le lendemain d'une nuit de beuverie est un moyen garanti d'augmenter la tension nerveuse.

—Je connaissais quelqu'un qui buvait quarante onces de whisky par jour et qui n'a jamais été malade, m'a-t-on déjà rétorqué avec scepticisme.

Et alors? Qu'est-ce que cela prouve? Moi aussi, j'ai connu un homme du genre. Il se tapait ses seize onces de scotch avant de manger le midi, puis seize autres onces avant le souper. Après, comme disait l'humoriste, il se mettait à boire sérieusement. Tout cela, sans dommages apparents! Je tiens quand même à souligner que de tels cas sont exceptionnels.

Existe-t-il dès lors une quantité d'alcool idéale qu'on pourrait boire chaque jour en toute sécurité sans risque de tomber malade?

D'habitude, les médecins ne recommandent pas de dose d'alcool idéale. Pourtant, si vous n'êtes pas diabétique et si vous ne souffrez pas d'hypertension, quatre onces par jour ne devraient pas vous nuire. L'organisme met une heure à assimiler une once d'alcool. La quantité que je conseille ne risque donc pas de surcharger le métabolisme de qui que ce soit.

Les aspects psychologiques du stress.

En voilà assez pour les aspects médicaux du stress! Qu'en est-il maintenant de ses conséquences psychologiques?

Elles représentent, pour le spécialiste du coeur, avec leur myriade de complications, un champ d'étude essentiel.

Le stress fait partie de la vie moderne, dit-on. Il n'y a pas moyen de l'éviter. Il faut en prendre son parti, l'accepter et apprendre à s'en accommoder.

—Mais comment? m'a demandé un jour un de mes patients.

—Ne laissez pas les choses vous déprimer, lui ai-je conseillé.

J'avais à peine prononcé cette phrase que je me suis rendu compte de l'inanité de mon conseil. Si cette personne n'avait pas été capable jusque-là de surmonter ses problèmes, comment l'aurait-elle pu dans l'état où elle se trouvait?

On peut faire bien des choses pourtant pour contrer le stress et, avec un peu d'acharnement, il y a moyen de *s'entraîner* à le chasser de sa vie. Par exemple:

en ne se laissant pas irriter par les coups de téléphone ennuyeux;

en ne prenant pas chaque remarque de son patron pour un affront personnel (il y a de fortes chances que cette remarque ne porte pas à conséquence!);

en ne se rongeant pas les sangs à la moindre dispute qui survient à la maison.

Ces conseils sont faciles à suivre. Tâchez de vous y conformer. Vous serez sur la bonne voie. Les aléas de la vie et les problèmes auront fini de vous atteindre et de vous démolir.

Je prends l'exemple de Kevin B., un de mes malades. Ambitieux, décidé, il travaillait jour et nuit à bâtir son entreprise et trouvait rarement le temps de se détendre. Prendre des vacances était hors de question. Il y avait toujours quelque chose à faire. Au travail, Kevin menait un train d'enfer jusqu'au jour où une terrible douleur l'a terrassé (c'est lui qui avait comparé cette douleur à un éléphant assis sur sa poitrine). Le bras gauche paralysé, il s'est assis dans un fauteuil pour tenter d'alléger un peu son mal. Il s'est massé le bras, la poitrine, et pendant un long moment, s'est dit qu'il était sur le point de mourir.

J'ai opéré Kevin. Tout s'est bien déroulé. Après l'intervention, il s'est mis à se poser de sérieuses questions et à réviser les priorités de son existence. Il s'est enfin rendu compte combien la vie était précieuse. Il me semble encore l'entendre:

—*J'avais l'habitude de vivre sous une incroyable tension nerveuse. Parfois, j'avais littéralement l'impression d'être sur le point d'exploser. Il y avait toujours des problèmes et toujours je les abordais de front! Je me rends compte maintenant que je m'y prenais de la façon la pire.*

—*Mais les tensions nerveuses et les problèmes professionnels n'ont pas disparu, n'est-ce pas?* lui demandai-je.

—*Bien sûr que non! répondit-il, ils font partie de mon travail. Tous ceux qui dirigent une entreprise le savent. J'ai simplement changé d'attitude. J'ai décidé de ne plus me faire de souci à propos de n'importe quoi.*

Cela semblait simple!

—*Je me suis entraîné, poursuivit Kevin, à ne plus laisser les choses m'abattre. J'ai décidé de ne plus m'énerver outre mesure chaque fois que le travail s'accumule. J'ai décidé de ne plus me faire de bile parce que je suis en retard à un rendez-vous. Si je ne puis m'y rendre à l'heure prévue, je téléphone pour avertir que j'y serai une heure plus tard. Quand je deviens trop nerveux, je hausse les épaules et je me dis: "Que le diable l'emporte!"*

J'étais heureux de l'entendre employer cette expression. Elle faisait comme écho à mon antidote personnel. "*Que le diable l'emporte!*" Bien sûr! Voilà la bonne réaction! Aussi simple que cela! Quelqu'un qui peut dire, quand les choses vont mal: "Que le diable l'emporte"! se protège vraisemblablement de toute une série de problèmes.

Le stress, l'un des grands impondérables de la médecine, revêt bien des formes et frappe de multiple façons. On ne peut jamais être certain de son effet sur quelqu'un; cet effet varie d'une personne à l'autre.

Il y a deux types de stress: le stress physique et le stress mental. Il arrive que l'on souffre des deux à la fois sans vraiment s'en rendre compte.

D'habitude, un médecin n'éprouve pas trop de difficulté avec les cas de stress physique. Si, par exemple, une crise terrasse un employé de bureau qui ne fait jamais d'exercice au moment où il

*Jouer au tennis quand il fait chaud provoque
un stress physique facile à identifier,
au contraire du stress psychologique
dont les causes souvent restent
impossibles à cerner.*

Certains cardiaques s'excitent tellement et éprouvent un tel stress à suivre un match de hockey qu'ils font parfois une crise cardiaque.

déblaie l'entrée de son garage, le médecin, sans grand risque de se tromper, peut attribuer l'origine du stress à cet effort physique inhabituel. De la même façon, si quelqu'un se met à avoir mal en jouant au tennis par une journée torride, il est facile de déterminer l'origine de la douleur.

Il en va tout autrement pour le stress mental, surtout chez les patients qui souffrent d'angine ou chez ceux qui ont déjà fait une crise cardiaque. La situation est alors beaucoup moins claire. Une femme peut bien jurer ses grands dieux qu'elle a tout fait, absolument tout, pour préserver son mari d'une autre crise cardiaque, qu'elle ne l'a jamais laissé pelleter la neige ni sortir les sacs de provisions du coffre de la voiture ni marcher dehors les jours très froids. Pourtant un soir, sans signe avant-coureur aucun, son mari s'est écroulé alors qu'il était assis devant la télévision.

Le médecin poursuit son enquête et se rend compte que l'homme en question regardait une partie de hockey. Bon! regarder le hockey, direz-vous, c'est juste distrayant! Certaines personnes, hélas! prennent leurs distractions très au sérieux. Et le jeu, ce soir-là en particulier, avait tellement excité cet homme qu'il en avait fait une crise cardiaque.

Pourquoi? Eh bien, comme je l'ai dit, on a affaire à des impondérables. La personne en question avait déjà fait une crise. Ses artères coronaires étaient obstruées. L'énervement du jeu lui a simplement fait dépasser son seuil de tolérance au stress. Sous l'effet de l'intense excitation, sa pression artérielle a monté et a provoqué la crise.

L'épouse du malade avait du mal à comprendre. Elle aurait mieux compris si son mari avait joué lui-même. L'effort physique aurait été peut-être trop violent pour lui. Mais le soir où c'est arrivé, il ne *jouait* pas, il *regardait* simplement le match.

La suite de mon propos la laissa plus perplexe encore. "Je ne serais pas surpris, lui dis-je, de trouver plus de victimes chez les spectateurs d'un sport que chez ceux qui le pratiquent".

Les joueurs vivent évidemment, pendant un match, dans un état de stress aigu. Leur pression artérielle augmente, leur pouls s'accélère et la quantité de leurs sucres sanguins s'accroît. L'action élimine ces sucres. Le spectateur, lui, assis à la maison devant son téléviseur, se trouve parfois dans un état de stress égal, avec une pression artérielle élevée et beaucoup de sucre dans le sang. Mais il ne se dépense d'aucune façon et donc ne peut l'éliminer. Toutes les conditions sont réunies pour qu'il fasse une crise cardiaque.

Au risque d'alarmer pour rien les sportifs de salon, je dois signaler que, chez certaines personnes, la télévision augmente la pression artérielle, le pouls et les sucres sanguins. Un film à suspense a parfois le même effet qu'un match de football passionnant ou qu'un match de baseball.

Les hommes ne se ressemblent pas. Dans la vie quotidienne, certains supportent un stress énorme sans dommage tandis que d'autres en sont incapables.

Comment, par exemple, réagiriez-vous à la situation suivante?

Le téléphone sonne. Vous décrochez. Quelqu'un dit d'une voix grave qu'une automobile vient de renverser votre fils. Son état semble alarmant. Il vaudrait mieux vous rendre à l'hôpital de toute urgence.

Si l'on enregistrait à ce moment précis la réaction de votre organisme, on y décèlerait certains changements de rythme ma-

Tout le monde ne supporte pas les chocs de la même façon.

jeurs. Votre pression artérielle, vos pulsions cardiaques et la quantité de sucre dans votre sang seraient beaucoup plus élevées.

Seriez-vous capable de surmonter le choc?

En bonne condition physique, oui! sans doute. Votre coeur devrait cependant pomper plus et fournir un surcroît d'effort. Il lui faudrait plus de sang. Avec des artères coronaires obstruées déjà, il est possible que la quantité de sang requise ne puisse passer. Quand le muscle cardiaque ne reçoit pas assez de sang, il meurt partiellement - ce qui se produit, je le répète, au moment d'une crise cardiaque.

Pourquoi telle personne est-elle capable de surmonter tel problème, et telle autre non? Pourquoi le rendement professionnel de cet homme - là est-il meilleur quand il est acculé au pied du mur? Pourquoi cet autre, sous tension, devient-il inefficace, et parfois même malade?

Personne ne connaît la réponse à ces questions. Le stress frappe les uns et les autres indépendamment du groupe socio-économique auquel ils appartiennent. Les hommes d'affaires sont très souvent victimes de crises cardiaques. Chaque fois qu'on ouvre le journal, on y lit le nom d'un quelconque personnage en vue, président de compagnie, directeur d'entreprise ou que sais-je, décédé subitement ou qui vient de faire une crise cardiaque grave.

Le stress frappe aussi les instituteurs et les professeurs; comme, d'ailleurs, de nombreux étudiants, surtout pendant la période des examens. Les médecins, les chirurgiens qui travaillent jour et nuit, les avocats lorsqu'ils ont à plaider, et bien d'autres encore vivent la majeure partie de leur existence dans un état de stress constant.

On a souvent tendance à croire que les victimes de crises cardiaques provoquées par le stress proviennent essentiellement de ce qu'on appelle le groupe des cols blancs. C'est faux. Les chauffeurs de poids lourd, par exemple, ont eux aussi un travail nerveusement très éprouvant. Ils font fréquemment des crises cardiaques. De nos jours, même le balayeur de rues devient parfois la proie du stress. Il avait la vie belle au temps des chevaux et des calèches. Son travail n'était pas dangereux. Il travaille aujourd'hui en plein trafic et doit rester constamment sur ses gardes pour éviter de se faire blesser à mort ou renverser par les voitures.

L'automobile a contribué à augmenter de beaucoup le niveau de stress de la vie quotidienne. Le représentant de commerce, obligé de circuler en voiture de ville en ville, aux prises avec les intempéries et le mauvais état des routes, vit un stress très grand, tout comme celui qui se rend au travail et qui doit se démener dans le trafic urbain matin et soir. Celui-là, d'ailleurs, a contre lui un facteur de risque supplémentaire: il passe tellement de temps dans sa voiture qu'il ne fait pas d'exercice et que sa condition physique est, en général, déplorable.

La police, voilà un autre corps de métier exposé au stress! Le policier risque sa vie dans la chasse aux criminels mais, en plus, doit parfois se défendre des critiques du reste de la société et se battre devant les tribunaux. Un très grand nombre d'officiers de police sont cardiaques.

Les tensions nerveuses de la vie moderne n'épargnent pas beaucoup plus la maîtresse de maison. Il lui faut prendre soin des

Le stress est sans doute responsable du
nombre élevé de policiers cardiaques.

"Ma femme et moi, nous nous sommes disputés."

jeunes enfants, s'astreindre à résoudre les problèmes domestiques quotidiens, affronter le coût de la vie croîssant, etc. Tout cela provoque le stress. Et en plus, l'épouse se fait souvent du souci pour son mari. Elle assume ses problèmes, s'inquiète de l'effet de son travail sur sa santé à *lui*, etc.

Le stress n'est pas lié seulement à l'emploi ou à la vie professionnelle. Beaucoup de personnes éprouvent du stress à cause de leur situation financière: comment rembourser l'hypothèque? payer l'instruction des enfants, etc... En plus, il y a les soucis que l'on se fait quand quelqu'un de proche est malade, ou encore quand un enfant se comporte mal. Chaque fois, le danger s'accroît...

Même si beaucoup de personnes se refusent à l'admettre, le stress de la vie familiale est souvent notablement plus fort que celui qu'on éprouve au travail, que ce soit à l'usine ou au bureau. Beaucoup de maris et beaucoup d'épouses ont réussi à réduire leur tension nerveuse en sortant simplement de la maison! Pour diminuer la quantité de sucres sanguins et pour ramener le calme, une petite marche - ou, mieux encore, une longue marche quand c'est possible - fait souvent des miracles.

Les effets du stress sur le coeur

Les résultats des recherches au centre médical de l'Hôpital Memorial de Long Beach, en Californie, sur les relations entre le stress et le coeur sont intéressants à plus d'un titre.

Les médecins ont fait là-bas des expériences d'*électrocardiographie continue*. Chaque malade porte sur lui une boîte, à peu près du format d'une petite radio portative, reliée à des électrodes d'électrocardiogramme collées sur la poitrine. Pendant dix heures d'affilée, ce mécanisme enregistre l'électrocardiogramme du sujet qui vaque à ses occupations habituelles. Le lendemain, un médecin examine les résultats. En dix minutes, il repasse l'entier tracé et relève les anomalies dans l'activité cardiaque, en même temps qu'il détermine le moment exact où elles se sont produites.

L'électrocardiogramme habituel s'enregistre sur une période de trois minutes quand le patient est au repos, loin du stress de son travail et de sa vie familiale. L'électrocardiogramme continu, selon le cardiologue William Allen, a l'avantage d'enregistrer 600 minutes de vie quotidienne réelle. Il permet de repérer rapidement les battements et les rythmes cardiaques anormaux. S'il constate quelque chose d'anormal, le médecin obtient très vite - grâce à un appareil spécial - l'extrait du tracé qui l'intéresse.

— Où étiez-vous et que faisiez-vous hier après-midi à 17 h 30?

Le docteur Allen a remarqué sur l'électrocardiogramme de son malade que, la veille, à cette heure-là, quelque chose de particulier s'est produit.

— Je retournais à la maison en voiture. C'était l'heure de pointe. Le trafic était épouvantable - Le malade réfléchit puis soudain se remémore avec précision l'incident - Quelqu'un m'a coupé et je suis devenu littéralement enragé.

Selon le docteur Allen, l'électrocardiogramme enregistré pendant dix heures d'affilée s'avère particulièrement efficace pour permettre au médecin de déterminer si le malade, après une crise cardiaque ou une intervention chirurgicale, peut se remettre au volant ou non. L'électrocardiogramme détecte les rythmes anormaux ou les changements de rythme, signes que le coeur ne reçoit pas assez de sang. Si elle conduit sa voiture dans les rues de la ville sans que le tracé de son électrocardiogramme présente rien d'anormal, il est sûr qu'une personne peut se remettre au volant de son véhicule en toute sécurité.

En outre, l'électrocardiogramme continu est un excellent instrument pour déterminer la capacité de quelqu'un à affronter le stress physique ou moral. Enregistrer une mère de famille au foyer, par exemple, fournit aux médecins des informations que les tests en hôpital ne leur fourniraient pas. L'électrocardiogramme continu s'avère utile aussi dans les cas de syncopes chroniques, lorsqu'on ignore si elles sont dues aux malaises cardiaques ou non. Si c'est *effectivement* le coeur, le médecin, grâce à l'électrocardiogramme continu, s'en rendra compte et déterminera les rythmes anormaux précédant chaque syncope.

Ce test réserve parfois des surprises. Un jour, préoccupé par le retour au travail d'un patient qui avait un emploi extrêmement stressant, un médecin procéda à l'enregistrement d'un électrocardiogramme continu de la première journée de travail de cette personne. Le lendemain, le médecin étudia le tracé. Surpris et quelque peu décontenacé, il constata que son malade avait passé une journée particulièrement fébrile sans problème; mais, à 18 heures, l'électrocardiogramme avait enregistré un rythme anormal.

— Est-ce à cause de l'accumulation de tensions nerveuses? se demanda le médecin à haute voix. Qu'a-t-il donc bien pu se passer hier soir à 18 heures?

Le malade sourit.

— Ma femme et moi, nous nous sommes disputés!

CHAPITRE 5

Les relations sexuelles et le coeur

Dans la vie, les relations sexuelles jouent un rôle important et indispensable, autant chez les jeunes et ceux qui sont en forme que chez les personnes d'âge mûr qui ont souffert ou souffrent de maladies cardiaques.

J'irai même plus loin: le bonheur et le bien-être d'un malade, en période de convalescence après une intervention chirurgicale sur les artères coronaires, *dépend* parfois de la possibilité qu'il a de s'épanouir sexuellement.

Je puis comprendre les soucis et les craintes des cardiaques. Ils se demandent s'ils pourront reprendre un jour un mode de vie normal. La question les préoccupe à juste titre. Il ne faut pas qu'ils se résignent à une existence triste, diminuée, comme des handicapés du coeur. J'en ai rencontré trop de ces handicapés: des gens qui avaient peur de se lever de leur fauteuil, peur de quitter la maison, juste à l'idée de ce qui pourrait peut-être leur arriver.

Une crise cardiaque ne signifie pas la fin de la vie. Elle ne devrait pas, non plus, sonner nécessairement la fin des activités sexuelles d'un homme. Je ne prétends pas qu'il n'y ait pas certains risques. Il y en a. Il faut en être conscient.

Les relations sexuelles provoquent parfois la douleur angineuse chez certains patients. En période post-opératoire, selon une étude faite à Cleveland, un sujet sur cinq a mal quand il fait l'amour. Dans certains cas extrêmes, il arrive même que les relations sexuelles occasionnent la mort.

Je me dis, quand je pense à ces handicapés du coeur dont je parlais plus haut, que la vie est remplie de risques calculés. Toute personne doit vivre une existence aussi pleine et épanouissante que possible. C'est essentiel au bien-être spirituel de chacun. Tout comme il doit reprendre une forme quelconque d'emploi, il est indispensable au cardiaque d'à nouveau tenir comme il faut son rôle de mari et d'amant.

Qu'en est-il donc au juste? Le sexe constitue-t-il un danger réel pour ceux qui se classent dans le groupe d'âge le plus enclin aux maladies des artères coronaires? Et pour ceux qui ont déjà fait une crise cardiaque?

Il ne sert à rien de généraliser. Je m'en garderai donc bien. Il vaut mieux en appeler au bon sens et s'en servir pour règler chaque cas individuellement. En d'autres termes: il me semble important de considérer les activités sexuelles au même titre que n'importe quelle autre activité physique.

Quand on est faible, sans force et âgé de 60 ans, jouer une partie de tennis très fatigante risque d'être dangereux; et de la même façon, à cet âge et dans cet état, essayer de satisfaire les besoins sexuels d'une jeune femme de 21 ans.

Peu de chercheurs se sont attachés à étudier l'excitation sexuelle et ses effets sur les maladies de coeur, mais j'en ai eu de nombreuses illustrations tout au long de ma propre pratique.

Je me souviens d'un jeune homme appelé Jean qui est venu me voir il y a quelques années. Il souffrait de déficience d'une des valves du coeur. Il avait un peu moins de trente ans et c'était l'un de mes plus jeunes opérés.

Son opération réussit. Tout était parfait. Jean semblait sur la voie de la guérison. Pourtant, 48 heures après l'opération, il y eut une alerte. Son pouls était très rapide et il avait beaucoup de mal à respirer. Il perdit finalement tout à fait conscience. A l'hôpital, on put le réanimer et Jean finit par guérir pour de bon.

J'étais interloqué. Je ne parvenais pas à comprendre la raison de ces complications imprévues. Une infirmière me l'apprit. Sa jeune et très séduisante amie lui avait rendu visite. Elle s'était assise sur son lit. Il lui avait passé le bras autour des épaules et l'avait embrassée. Cela seul avait suffi pour provoquer l'alerte.

Les Nord-Américains n'ont pas une réputation d'amants hors pair. Peu athlétiques en général, préoccupés par les problèmes familiaux ou professionnels, ils ont tendance à devenir, dès l'âge moyen, sexuellement apathiques.

Malgré tout, dans la plupart de mes entrevues, cette inquiétude à propos des relations sexuelles ultérieures revient avec une constance étonnante. Presque tous les malades, après leur opération, veulent savoir s'ils pourront toujours avoir des relations sexuelles

Une crise cardiaque ne met pas terme à la vie sexuelle d'un homme ou d'une femme.

avec leur femme. Tracassée elle aussi, la femme pose, en général, la question inverse: "Vaut-il mieux ne plus avoir de rapports sexuels?"

Je suis franc avec mes malades. Je leur dis qu'ils seront capables, selon toutes probabilités, de reprendre leurs activités sexuelles et d'en tirer autant de plaisir qu'avant l'intervention chirurgicale.

Cela requiert parfois du temps, bien sûr. Après une opération, il ne faut rien brusquer. Chaque malade guérit à son propre rythme. Le temps de convalescence diffère pour chacun et varie de quelques semaines à quelques mois. Selon une étude américaine, la période d'abstinence sexuelle moyenne est de 14 semaines environ. Cependant, les sujets sexuellement actifs avant leur crise cardiaque reprennent leurs relations sexuelles plus vite.

Quand un patient se sent capable d'accomplir les tâches domestiques quotidiennes et de se livrer à quelque activité physi-

Jean avait reçu la visite de sa séduisante amie.

que, il peut aussi reprendre sa vie sexuelle. Si un malade se sent assez bien pour faire des exercices qui requièrent de 6 à 8 calories par minute - comme marcher d'un bon pas pendant une heure - sans que son pouls s'accélère anormalement ni que sa pression artérielle s'élève trop, il peut aussi faire l'amour en toute sécurité.

Il arrive parfois que la puissance sexuelle décline mais, en général, cela tient à d'autres facteurs. Beaucoup de malades atteints d'affection cardiaque souffrent également de diabète. Et le diabète s'accompagne d'impuissance. Ou encore, il se peut qu'il faille prendre des médicaments hypotenseurs. Ils affectent également la puissance sexuelle. En outre, la peur de l'impuissance est en soi un facteur psychologique très important qui altère parfois gravement et réellement la vie sexuelle de quelqu'un.

Leur aptitude sexuelle ultérieure tracasse beaucoup de malades. En fin de convalescence, des tranquillisants mineurs les aident souvent à surmonter cette anxiété.

L'action à court terme de l'alcool peut être bénéfique aussi pour celui qui s'inquiète de sa capacité sexuelle. Il faut noter que les barbituriques la diminuent. Le dosage judicieux d'alcool et de tranquillisants peut donc produire une détente suffisante pour assurer le succès des premières relations sexuelles post-opératoires d'un patient et, par là même, lui éviter d'éventuels problèmes sexuels chroniques.

Si le coeur manque de sang, il y a des chances que les relations sexuelles provoquent une douleur angineuse. Toutefois, cela se produit moins quand on a des rapports sexuels l'estomac vide. L'amour

avant les repas? Hé! oui! C'est plus sûr.

Il *ne faut pas* s'engager dans une relation sexuelle de suite après avoir mangé. Il n'est pas sage de s'adonner à un exercice animé - même une bonne marche - moins d'une heure et demie après la fin d'un repas. D'habitude, je conseille à mes malades de laisser s'écouler deux bonnes heures.

Si vous êtes fatigué, ne vous forcez pas. Attendez. La fatigue est mauvaise pour un coeur faible. Certaines personnes préfèrent faire l'amour le matin quand leur organisme est reposé. Je vous le conseille si vous avez un problème coronaire; ou bien les fins de semaine. Evitez les rapports sexuels tard le soir.

Le cardiaque qui éprouve certaines difficultés à faire l'amour

devra sans doute essayer de nouvelles positions. L'amour se fait dans des positions très diverses. Et en varier tend d'ailleurs à rajouter de l'intérêt et du piquant à l'affaire!

Selon certains de mes patients, la position traditionnelle où c'est l'homme qui domine semble dure à tenir en période post-opératoire. Je recommande, dans ce cas, que la femme assume la position dominante. La femme qui domine? La femme au-dessus? Pourquoi pas? C'est une variante intéressante.

Certains couples ont découvert qu'ils appréciaient plus leurs relations sexuelles couchés sur le côté. Les malades du coeur doivent être prudents et veiller à ne pas se coucher sur le côté gauche pour ne pas augmenter la pression sur le coeur.

Pour certains cardiaques, l'activité sexuelle pose un problème sérieux. Pour d'autres, non. Selon le docteur Cornelius B. Bakker de l'université de Washington, à Seattle, le traumatisme de l'insuffisance coronarienne réside dans le fait que celui qui en souffre sous-estime sa force et sa vigueur. Il ne se sent plus à la hauteur des événements. Cette sensation augmente la peur des relations sexuelles et mène tout droit à l'impuissance.

Le docteur Bakker insiste sur un autre point: le médecin doit absolument inviter l'épouse d'un cardiaque à chaque consultation post-opératoire. Dire simplement au malade qu'il peut avoir des relations sexuelles ne suffit pas. Sa femme doit elle aussi se rendre compte que ces relations ne présentent aucun danger.

CHAPITRE 6

L'alimentation et le coeur

En Amérique du Nord et en Europe occidentale, le désir frénétique de rester en bonne santé a produit, ces dernières années, certaines habitudes alimentaires déconcertantes et une prodigieuse confusion. Plus personne n'est bien sûr de savoir quoi manger et quoi *ne pas* manger.

Plus personne ne semble savoir quel régime alimentaire est le meilleur. Régime gras ou régime maigre? On a recommandé tantôt l'un, tantôt l'autre! Faut-il des calories? On nous a dit d'abord de les calculer strictement, ensuite de *ne plus* les calculer! On a déjà fortement conseillé la diète au jus de raisin! la diète à la banane! et même la diète absolue, à l'eau et aux vitamines! Pour peu, on nous enrôlerait de force dans la ligue des buveurs invétérés, en nous prescrivant une diète d'alcoolique!

Tous les programmes visent à faire maigrir. Notre société comporte de nombreux obèses. Pour eux cet objectif, maigrir, reste valable même si les moyens conseillés pour y parvenir sont douteux.

Mais qui sont les obèses de la société de consommation? Certainement pas uniquement les riches! Etre gros ne signifie pas nécessairement bien manger. On trouve beaucoup de cas d'obésité associée à la malnutrition chez les Nord-Américains à faible revenu, et particulièrement chez les chômeurs. D'abord, ils ne mangent pas une nourriture adéquate; ensuite, beaucoup trop d'entre eux passent de longues journées sans bouger devant la télévision.

Perdre du poids représente, certes, un objectif important; encore faut-il s'assurer que le régime alimentaire choisi ne mène pas tout droit à la malnutrition! Il faut être sûr également que ce régime n'augmente pas le taux de cholestérol à un niveau dangereux.

Si l'on se préoccupe de l'état de santé de son coeur, le choix d'un régime qui nourrisse bien tout en permettant de contrôler son poids constitue sans aucun doute une étape cruciale.

Il ne faut pas se laisser grossir. C'est trop dangereux pour le coeur. Les faits parlent d'eux-mêmes: à l'obésité s'associent l'hypertension et le diabète, tous deux facteurs de risque d'insuffisance coronarienne. Selon certaines études statistiques, le taux de cholestérol sérique tend à refléter l'accroissement de poids. Un cholestérol sérique élevé combiné à l'hypertension multiplie par cinq le risque d'insuffisance coronarienne.

Il existe une relation directe entre l'obésité et l'athérosclérose. Abuser de lipides surcharge le système cardiovasculaire. On se fatigue plus facilement. On travaille moins parce qu'on est moins capable d'effort et on finit par perdre toute envie d'activité physique. Le problème ne peut que s'aggraver: le peu d'envie d'exercice contribue tout simplement à faire grossir encore plus.

Si l'on excepte les facteurs glandulaires, les causes réelles de l'obésité prêtent toujours à controverse. Beaucoup d'autorités médicales modernes s'accordent à dire, cependant, que suralimenter un bébé les six premiers mois produit une quantité excessive de cellules grasses dans son organisme. Adulte, l'enfant qui a été suralimenté doit combattre constamment pour empêcher ces cellules grasses de se multiplier.

Certains chercheurs invoquent l'hérédité. Si les parents sont gros, prétendent-ils, les enfants habituellement le sont aussi. L'héritage génétique a sans doute quelque importance mais, d'après moi, les jeunes obèses sont très souvent victimes de leur manque d'exercice et de leur alimentation inadéquate: mauvaises habitudes qu'ils acquièrent en suivant l'exemple de leurs parents.

Il existe beaucoup de mesures et de gestes positifs susceptibles de prévenir l'insuffisance coronarienne et l'athérosclérose. Mais il faut envisager le problème dans son ensemble.

Le lecteur va comprendre, au fur et à mesure de sa lecture, qu'une diète alimentaire, si bonne soit-elle, ne suffit pas à elle seule. Il faut la compléter par un programme d'exercices physiques efficaces. Là encore, ce n'est pas suffisant. Le régime alimentaire choisi doit ne comporter que peu de cholestérol et se composer d'environ 25 pour cent d'acides gras non saturés. Consultez les tableaux que j'ai préparés et repris à la fin de ce volume. Ils pourraient bien être votre meilleur guide alimentaire.

Avant d'aborder certains régimes alimentaires spécifiques, que l'on me permette d'insister sur le point que j'évoquais plus haut:

Etre gros ne signifie pas nécessairement bien se nourir.

aucun régime alimentaire, aussi scientifique soit-il, ne peut suffire à lui seul. Il convient de le compléter par des exercices physiques. L'exercice augmente le taux de métabolisme et donc élimine les calories. Si l'exercice est bien choisi, cette augmentation du taux de métabolisme se répartit sur une période de 24 heures. Les calories s'éliminent tout au long de la journée, et non pendant la seule période où l'organisme se dépense. J'ai consacré un chapitre de mon livre aux exercices physiques. Il décrit en détail les exercices les plus profitables.

Mais revenons-en aux diètes alimentaires. Beaucoup de personnes ignorent ce que sont exactement les calories. C'est pourtant simple: tout individu a besoin d'un certain nombre de calories pour mener à bien ses activités quotidiennes.

Les besoins en calories varient énormément. Le nombre de calories nécessaires à la femme équivaut aux 4/5 des besoins de l'homme. La température ambiante influence la quantité de calories requises. On perd plus de chaleur par temps froid, il faut donc plus de calories l'hiver et beaucoup moins quand il fait chaud.

De nombreux diagrammes, largement diffusés dans le public, renseignent sur la quantité de calories requises. Utilisez-les. Ils indiqueront à chacun combien il faut de calories pour couvrir ses besoins énergétiques et, en outre, comment, grâce à un régime alimentaire sain, maintenir son poids.

Existe-t-il pour chacun un poids idéal? Il est facile de répondre. Je demande toujours à mes malades combien ils pesaient quand ils avaient 25 ans, qu'ils étaient en bonne condition physique et n'avaient pas encore pris de graisse ou presque pas. Idéalement, leur poids actuel ne devrait pas différer de plus de cinq à dix livres.

Il est important donc de fournir à l'organisme un nombre adéquat de calories en choisissant bien sa nourriture et en mangeant de façon saine. Mais ce n'est là qu'un aspect de la question. Il existe dans les aliments une substance qui devient parfois très nocive: le cholestérol. La médecine contemporaine considère le cholestérol comme une des causes majeures de progression de l'insuffisance cardiaque.

Qu'*est*-il exactement? Et comment l'éviter?

Le cholestérol appartient à la famille des alcools cycliques complexes appelés stérols. L'organisme le synthétise et il participe aux processus métaboliques normaux. Il se retrouve dans toutes les cellules du corps, et particulièrement dans le foie, les reins, le cerveau et le pancréas. On pense que le foie, le cortex surrénal, la peau, les intestins, les testicules et l'aorte le sécrètent.

*Les enfants sont fréquemment
victimes de mauvaises habitudes
alimentaires et du manque
d'exercice physique.*

Seuls les aliments d'origine animale contiennent des quantités significatives de cholestérol. Il se retrouve également mais en quantité négligeable dans certains tissus végétaux. La partie lipide des tissus animaux contient du cholestérol. Il peut se présenter associé à la lipoprotéine - les lipides font partie de la famille des substances organiques non solubles dans l'eau mais solubles dans l'alcool, l'éther, le chloroforme et autres solvants gras au toucher. Cette famille comprend les acides gras, les savons, les graisses neutres, les cires, les stéroides et les phosphatides.

Le cholestérol se retrouve dans toutes les cellules animales. L'organisme humain en a besoin pour produire certaines enzymes et diverses sécrétions endocrines. Cependant, si l'alimentation contient un excès de cholestérol, l'organisme n'est pas toujours capable de l'assimiler. Le cholestérol s'accumule alors dans le sang.

Pour connaître son état de santé, il importe de faire déterminer la teneur en cholestérol et autres lipoprotéines de son sang. Je recommande de se soumettre à ce type d'examen une fois par an, surtout quand on a une histoire familiale d'insuffisance cardiaque ou quand on est anormalement gros. Si l'analyse révèle une quantité excessive de cholestérol, le médecin traitant devrait procéder à des examens plus approfondis.

L'exercice diminue, à mon avis, la quantité de cholestérol sérique. Malheureusement, si la nourriture que l'on mange en contient

L'exercice contribue à diminuer le cholestérol sérique.

beaucoup, l'organisme ne parvient pas à l'éliminer, quels que soient les exercices physiques auxquels on s'adonne ou le travail que l'on fait.

A moins de prendre les mesures alimentaires requises, il est impossible de corriger la situation et d'éliminer le cholestérol. Il s'incruste dans les parois des artères coronaires et des artères qui se rendent au cerveau. Les cristaux de cholestérol irritent les tissus. La plupart des savants pensent que ces cristaux, s'ils restent longtemps dans les parois des artères, provoquent des réactions inflammatoires qui mènent à l'athérosclérose.

L'athérosclérose - maladie caractérisée par d'importants dépôts de cholestérol et qui aboutit dans nombre de cas à l'insuffisance coronarienne - est très fréquente en Finlande. Pourtant, les Finlandais travaillent dur, font beaucoup d'exercice et sont maigres. Mais ils travaillent sous un climat rigoureux. Ils comptent essentiellement sur les graisses animales pour se procurer l'énergie et les 5,000 calories quotidiennes dont ils ont besoin. Leur régime alimentaire est riche en cholestérol. Qu'ils soient maigres et actifs ne les protège donc en aucune manière de l'athérosclérose. Mais il est un autre facteur de risque coronarien auquel les Finlandais s'exposent: ils fument beaucoup.

Chacun doit surveiller de près son régime alimentaire et être sûr de la valeur nutritive des aliments qu'il absorbe, en même temps que de leur faible teneur en cholestérol.

Combien de cholestérol peut-on manger avant que cela ne devienne nocif?

Le docteur William B. Kannel, du groupe de recherche sur l'épidémiologie des insuffisances coronariennes de Framingham, a établi les normes suivantes: un homme ou une femme sains, de poids idéal et qui font suffisamment d'exercice ne devraient pas dépasser 300 mg par jour; une personne qui a une histoire familiale de maladie cardiaque devrait s'en tenir à 240 mg.

J'ai remarqué le nombre infime de crises cardiaques dans les pays dont les habitants n'ont pas plus de 150 mg de cholestérol dans le sang. Je me demande dès lors s'il ne faut pas diminuer les normes courantes en Amérique du Nord et je recommande à chacun de s'en tenir à des taux de cholestérol sérique inférieurs à 180 mg.

On peut se demander s'il est possible d'avoir un régime alimentaire nutritif, varié, et surtout agréable quand même, tout en ne consommant que des aliments pauvres en cholestérol. Bien sûr! Et les tableaux à la fin de ce volume en sont une démonstration.

Je les ai divisés en sous-sections: produits laitiers, viandes,

légumes, etc. J'ai mentionné la teneur en cholestérol de chaque aliment pour que le lecteur repère facilement ceux qui en contiennent beaucoup et, en regard, j'ai noté leur valeur calorique. En choisissant judicieusement dans les divers groupes d'aliments, chacun peut maintenir un régime alimentaire équilibré sans dépasser son quota quotidien de cholestérol.

Toutes les viandes contiennent du cholestérol mais certaines en contiennent plus. Une tranche de rosbif, par exemple, est toujours inoffensive. Mais si le cholestérol vous préoccupe, tâchez d'éviter les abats. Le coeur, les rognons, le foie, le ris de veau contiennent beaucoup de cholestérol, et la cervelle plus encore que le reste.

Beaucoup de gens confondent graisse et cholestérol. Le cholestérol n'équivaut pas nécessairement au gras. Il ne faut donc pas s'imaginer qu'en l'enlevant, on diminue la quantité de cholestérol pour autant!

Il faut manger des aliments nutritifs et pauvres en cholestérol.

Vous raffolez peut-être des fruits de mer? Eh bien! je vous conseille d'éviter le homard à la Newburg. Rappelez-vous! il existe d'autres choix. Le crabe est moins riche en cholestérol que le homard, les crevettes moins que le crabe et les mollusques moins que les crevettes.

A la différence des crustacés, la plupart des poissons sont relativement pauvres en cholestérol et ont une grande valeur nutritive. Chacun peut généralement s'en servir de larges portions sans problème.

Les fruits et les légumes aussi sont pauvres en cholestérol et en même temps nutritivement très variés.

Les jaunes d'oeuf, par contre, sont riches en cholestérol. Au lieu d'en manger tous les jours, il faut n'en prendre qu'à l'occasion, peut-être en faire une gâterie du dimanche. De toute façon, il est mauvais de manger plus de quatre oeufs par semaine.

En général, les graisses qui contiennent un haut pourcentage d'acides gras saturés sont solides ou presque. Celles qui contiennent beaucoup d'acides gras non saturés sont liquides et se retrouvent en abondance dans les huiles végétales et le poisson.

Les graisses saturées, selon de nombreux experts, augmentent le taux de cholestérol dans le sang. Elles contiennent beaucoup d'acides gras saturés. Par contre, les graisses et les huiles qui contiennent beaucoup de monoglycérides non saturés semblent n'avoir aucun effet sur le taux de cholestérol sérique. Les huiles végétales et le poisson contiennent un pourcentage élevé de polyglycérides non saturés, à l'exception de l'huile de noix de coco et de l'huile de palme. Les huiles riches en polyglycérides non saturés contribuent, croit-on, à diminuer le taux de cholestérol. L'organisme transforme n'importe quel type de graisse. Cependant, un individu ne devrait pas consommer par jour plus de gras qu'il ne faut pour couvrir 35 pour cent de ses besoins en calories, et cette matière grasse devrait se répartir comme suit: 10 pour cent d'acides gras saturés, 10 pour cent de polyglycérides non saturés et 15 pour cent de monoglycérides non saturés.

Je conseille donc de manger des huiles et des matières grasses riches en polyglycérides non saturés. Lorsqu'on se décide à remplacer le beurre par de la margarine, il faut s'assurer que cette margarine contient beaucoup de polyglycérides non saturés. Il existe sur le marché d'excellentes margarines végétales, en particulier celles à base d'huile de maïs ou d'huile de safran. Elles rencontrent toutes les exigences. Au moment d'acheter de la margarine, vérifiez sa composition sur l'emballage.

Habituez votre famille au lait écrémé. N'ayez pas de lait entier à la maison. Le lait écrémé contient les mêmes substances nutritives et n'est pas gras. Il est donc beaucoup moins nocif.

Je connais la difficulté de s'astreindre à des règles. Je compatis avec ceux qui aiment une nourriture riche en cholestérol. J'en suis moi-même. Si je semble faire parfois la leçon, c'est que la bonne santé doit rester pour chacun un objectif prioritaire. Astreignez-vous à ne pas prendre plus de cholestérol qu'il ne faut. Fixez-vous des échéances de semaine en semaine. De cette façon, dans la mesure où vous ne dépasserez pas les limites permises, vous finirez par apprécier d'autant plus les aliments riches en cholestérol.

Examinez les tableaux attentivement. Ils sont faits pour vous et pour votre famille. Faites-en votre guide pratique de bonne santé. Prenez garde! On recommande parfois certains aliments pour faire maigrir mais ils sont riches en cholestérol!

CHAPITRE 7

L'exercice physique et le coeur

Les gens ont de moins en moins l'occasion de faire de l'exercice; aux Etats-Unis et au Canada encore moins qu'ailleurs. Depuis quelques temps, on serine aux Nord-Américains qu'ils sont mous, faibles, de vraies loques. C'est peut-être pourquoi des millions d'entre eux se précipitent aujourd'hui sur les appareils de gymnastique et cherchent avidement une bonne recette et des trucs simples pour retrouver leur forme physique d'antan. Ils envahissent les gymnases. Ils se souviennent soudain qu'ils ont des muscles et, le midi, pendant la période du repas, se ruent sur les terrains de hand-ball et les courts de tennis. Certains se bousculent dans les parcs et les jardins publics et s'y livrent à une véritable orgie de jogging.

Comme tout ce monde-là semble inquiet! Il y a de quoi! En Amérique la vie est trop facile. Elle a produit une foule de gens qui sont de vrais "assis". Les "assis" ne marchent pas dehors au grand air, ou très rarement. Les "assis" ne gravissent pas souvent d'escaliers, ne nagent pas, ne jouent à rien de ce qui requiert le moindre effort physique. Ils ont oublié comme c'est agréable de se promener ou ce que signifie transpirer un peu en pratiquant un sport. Ils ne savent pas ce qu'est un filet ou un volant de badminton. Ils sont assis. C'est tout.

Il faut le reconnaître: les Nord-Américains méritent la critique. La plupart sont dans un état physique déplorable. Il est temps de corriger la situation, de réintroduire l'effort physique dans la vie quotidienne et d'en finir avec cette paresse et cette gloutonnerie qu'a engendrées la technologie.

Il convient de garder en mémoire la remarque suivante: aucun programme de régime alimentaire n'est complet s'il ne s'accompagne d'exercices physiques; et, de même, aucun programme d'exercice ne peut réussir sans un régime alimentaire adéquat.

Les gymnases sont d'excellentes institutions. Je ne veux pas en dire de mal. Généralement bien équipés, les gymnases sérieux offrent à leurs clients des programmes sûrs et complets. Je ne veux pas dénigrer non plus les terrains de hand-ball ni les courts de tennis. Les milliers de Nord-Américains qui, le midi, y pratiquent un sport sont bien plus sages et avisés que les autres qui s'affalent devant une série d'apéritifs secs ou sur glace.

Mais pour rester en forme, point n'est besoin de s'inscrire à un

La grande ruée vers le jogging.

106

Il n'est pas indispensable de s'inscrire à un club sportif pour rester en forme.

club sportif ni de débourser le moindre centime pour suivre un programme de conditionnement physique sous la surveillance de professionnels. Il n'est pas besoin non plus d'équipement spécial. Avant de se lancer dans les dépenses, il y a bien d'autres bonnes habitudes à acquérir:

sortir de la maison et marcher au grand air d'un bon pas;

entrecouper la marche d'une petite course;

installer un filet de badminton dans la cour ou le jardin et s'en servir;

s'il y a une rivière ou un lac à proximité, se procurer une chaloupe et, comme au bon vieux temps, s'adonner au canotage;

quand on possède un vélo et qu'il existe tout près un endroit ni trop fréquenté ni dangereux, faire tous les soirs un tour de vélo de quelques milles.

se livrer à un passe-temps qui demande un peu d'effort (à condition de l'aimer).

Acquérir ces quelques habitudes serait déjà un grand progrès. Mais tout exercice n'est pas nécessairement bon pour tout le monde. Pelleter la neige, par exemple, peut être dangereux. L'effort est trop violent. Il fatigue le coeur et souvent précipite la crise cardiaque.

Le corps humain comprend ce qu'on appelle les muscles du squelette. Organes du mouvement, ils régissent tous les mouvements volontaires de l'organisme. Ils pèsent 40 pour cent du poids total du corps. Les exercices quotidiens de conditionnement physique qui font appel aux contractions musculaires isométriques - comme dans un strict programme de gymnastique suédoise - raffermissent peut-être les muscles et contribuent à garder le ventre plat mais ils ne valent pas grand chose, dit-on, pour le système cardiovasculaire. Le fameux programme de gymnastique canadien 5 BX, par contre, est très bon: il combine les exercices de gymnastique suédoise avec un programme bien planifié de marche, de jogging ou de course, selon l'âge et l'état physique de chacun.

Selon toute évidence, des exercices physiques adéquats *sont* bénéfiques pour le système cardiovasculaire. Chez la majorité des gens, ils aident à garder le taux de cholestérol à un bas niveau. Et c'est essentiel. On l'a vu dans le chapitre consacré au régime alimentaire: un taux de cholestérol sérique élevé constitue un des principaux facteurs de risque de l'athérosclérose des artères coronaires.

Un effort physique adéquat est toujours bon pour le système cardiovasculaire.

Une université de l'Ouest a mené une expérience dont les résultats confirment ce que j'avance. Deux groupes d'étudiants y ont participé. Tous jeunes, ils avaient des facteurs de risque coronarien identiques: histoires familiales de taux élevé de cholestérol et de lipoprotéines dans le sang, diabète et hypertension.

Avant de commencer l'expérience, on a mesuré le cholestérol dans le sang de chaque membre des deux groupes. On leur a fait suivre ensuite un régime alimentaire riche en graisse, en cholestérol et en calories (plus de 4,000). On a dispensé le groupe A de tout exercice. Le groupe B, par contre, devait jouer au hockey pendant une heure deux fois par semaine. Après trois mois, on a revérifié le cholestérol sérique des étudiants. Il était, chez certains membres du groupe A, très élevé alors que, chez tous ceux du groupe B qui pratiquaient un sport, il était resté normal. Une étude ultérieure à l'université Harvard a confirmé ces résultats.

Si deux heures d'exercice physique par semaine suffisent pour maintenir un niveau de cholestérol normal, ou juste en-dessous de la normale, l'activité physique est à coup sûr un moyen de prévenir le développement de l'athérosclérose chez les jeunes.

Et s'il est bon pour les jeunes, l'exercice physique est-il valable aussi pour les plus vieux?

Oui, bien sûr! avec juste une légère réserve!

L'homme atteint sa pleine maturité à 25 ans. Passé cet âge, sa force commence à décliner. Vers 40 ans, il n'est déjà plus le même. Sa puissance musculaire, son état cardiaque et cardiovasculaire ne sont plus ce qu'ils étaient.

La vie, en Amérique du Nord, est trop *facile*. Il est vital et urgent de se réhabituer à certains exercices physiques simples comme marcher ou grimper des escaliers. Cependant, je serais plus prudent pour les personnes âgées. L'athérosclérose fait partie du processus de vieillissement. Celui qui a toujours mené une existence sédentaire court certains risques en s'engageant tout à coup sans surveillance dans un programme d'exercices violents. La plupart des lecteurs connaissent sans doute l'histoire de cet homme d'affaires en mauvaise condition physique qui n'avait plus fait d'exercice depuis des années. Il s'est lancé soudain dans le jogging à toute allure et, un beau jour, on l'a retrouvé mort de l'autre côté du parc où il s'entraînait.

Je recommande fortement l'activité physique, c'est vrai! J'ai même dressé une liste d'exercices à l'usage de ceux qui ne souffrent pas d'insuffisance cardiaque; mais dans certains cas, l'avis du médecin est absolument requis. Il ne faut jamais oublier que l'insuffisance coronarienne atteint parfois un stade avancé sans qu'aucun symptôme ni signe extérieur ne permette de la déceler. Seul un médecin, en questionnant soigneusement qui vient le consulter, peut déterminer si son histoire familiale suggère ou non la présence de certains risques d'insuffisance coronarienne. Si c'est le cas, le médecin procède à un électrocardiogramme de la personne quand elle se trouve au repos après un exercice, et vérifie si elle ne fait pas d'hypercholestérolémie, d'hypertension ou d'hyperlipidémie. L'exercice physique reste valable malgré tout, même si l'on souffre de semblables désordres, mais il devrait être moins violent et plus soigneusement contrôlé.

Si quelqu'un n'a pas fait de sport depuis des années et présente en plus un haut facteur de risque coronarien, il doit commencer à marcher au grand air chaque fois que c'est possible, à l'allure qui lui convient le mieux et en s'arrêtant à la moindre douleur angineuse. De nombreux médecins dans tout le pays ont souvent recommandé de prendre une tablette de nitroglycérine pour calmer la douleur et de continuer à marcher malgré tout. Ces médecins ont complètement tort. Il faut s'arrêter, prendre un comprimé de nitroglycérine et lentement revenir à la maison. Il faut y aller très progressivement et n'augmenter que très graduellement la durée de l'exercice. Un dernier conseil: quand il fait froid, restez chez vous! Ne commencez pas votre marche moins d'une heure et demie après le repas.

On a déjà suggéré de tester sur un tapis roulant ou un vélo ergométrique les patients qui présentent un risque coronarien élevé et qui n'ont pas fait d'exercice depuis longtemps, de façon à faire grimper leur pouls à plus de 150 battements par minute. Je suis violemment opposé à ce genre de test. Il y a déjà eu trop d'accidents. Il m'est bien difficile d'admettre qu'il faille tester quelqu'un au point qu'il fasse une crise cardiaque, même s'il y a sur place du personnel qualifié pour le réanimer.

Le patient, s'il s'y prend progressivement et augmente petit à petit l'allure de ses promenades, se remet en forme de lui-même, surtout s'il combine ces exercices avec un régime alimentaire qui garde son poids dans les normes.

Les exercices physiques *violents* présentent certains dangers. Il faut peut-être en dire un mot. Ils sont en effet dangereux, non seulement pour les gens prédisposés à l'insuffisance cardiaque mais pour tout le monde, y compris les jeunes adultes. Les exercices violents couvrent toute une série d'activités comme, par exemple, le hand-ball, le tennis - en simple - ou le squash. Il vaudrait mieux les jouer en double. Avec l'âge, il vaut toujours mieux pratiquer ces sports en double, c'est-à-dire avec un coéquipier.

Pendant les exercices violents la pression artérielle augmente - ce qui constitue un danger en soi - mais aussi les reins et l'estomac reçoivent beaucoup moins de sang.

Les veines stockent le sang. Pendant un exercice, elles se contractent. La réserve sanguine se réduit et la quantité de sang qui circule augmente. En temps normal ou au repos, le débit cardiaque - plus stable en position couchée - est de 4 à 5 pintes (ou litres) environ à la minute.

Pendant un effort physique, le système cardiovasculaire subit d'importantes modifications. Le débit cardiaque augmente brusquement au début et continue d'augmenter ensuite plus graduellement jusqu'à un *stade stable*, une sorte de *palier* déterminé par l'intensité de l'effort. Ce palier s'atteint à peu près quand le volume d'oxygène aspiré se stabilise lui aussi.

L'ajustement du débit cardiaque à l'exercice musculaire se fait en deux temps: le premier, rapide, causé par un influx nerveux induit centralement; le second, plus lent, qui pourrait résulter de certains mécanismes réflexes inconnus. Le débit cardiaque final dépend étroitement de l'intensité de l'effort.

Pour les travaux légers, la phase d'adaptation dure de 1 à 2 minutes. La durée de cette phase varie elle aussi en fonction de l'intensité de l'effort et demande plus de temps pour les exercices violents. L'organisme des gens sains s'adapte à l'exercice plus vite que les autres.

Le volume de sang éjecté dans l'organisme à chaque battement de coeur et la fréquence de ces battements (pulsions cardiaques) déterminent le débit cardiaque, c'est-à-dire le débit sanguin total du coeur en une minute. Si le volume de sang éjecté à chaque battement est de 70 millilitres et que le coeur se contracte 70 fois par minute, le débit cardiaque sera de 4,9 litres à la minute. Pendant un exercice, le coeur bat plus vite et le volume de sang par battement augmente. Il en résulte une augmentation du débit cardiaque.

Le coeur d'un adulte non athlétique, au repos et en position couchée, éjecte de 70 à 90 millilitres de sang par battement selon sa corpulence (chez la femme, il faut compter 25 pour cent de moins). A cause de l'afflux de sang veineux plus important, la quantité de sang par battement, pendant un exercice de cinq à dix minutes, augmente rapidement et se maintient ensuite à un niveau constant. Lors de contractions musculaires vigoureuses, la circulation sanguine s'accroît de 15 à 20 fois.

Les viscères (foie, reins, rate et appareil gastro-intestinal) d'un homme sain au repos dont le débit cardiaque est de cinq litres à la minute, reçoivent 2,5 litres de sang par minute environ (50 pour cent du débit cardiaque). Pendant un exercice physique, la quantité de sang qui parvient aux reins diminue de 50 à 80 pour cent, en fonction de l'intensité de l'effort.

L'exercice violent affecte donc les reins puisqu'il diminue notablement la quantité de sang qu'ils reçoivent. Au début du siècle, le docteur W. Collier a étudié l'urine de membres de l'équipe d'aviron d'un collège d'Angleterre. Pratiquement chaque rameur a souffert à un moment ou l'autre d'albuminerie, c'est-à-dire qu'il a eu des protéines dans son urine. Ce désordre de la fonction rénale augmentait en fonction de l'intensité de l'effort des sportifs.

Tout exercice violent inhibe l'élasticité et les sécrétions de l'estomac et diminue la vitesse à laquelle il déverse son contenu dans le duodénum. Cette inhibition des fonctions gastriques pendant un effort physique varie en fonction de l'état de santé de chaque individu. Dès 1928, des médecins et chercheurs comme J.M.H. Campbell, G.O. Mitchell et A.T.W. Powell en sont venus à la conclu-

Ceux qui ne sont pas en forme doivent éviter les exercices violents.

sion qu'un exercice est profitable quand l'organisme le supporte facilement, et qu'il aide alors à la digestion. Au contraire, un effort trop dur et qui incommode son auteur nuit à cette même digestion.

Venons-en au jogging. On recommandait, au début, de courir assez vite pour maintenir le pouls entre 130 et 140 battements à la minute. Ce qui plaçait automatiquement le jogging dans la catégorie des exercices violents avec toutes les complications et les effets secondaires que j'ai mentionnés plus haut.

En 1967, je me suis beaucoup intéressé au jogging. J'ai assigné deux chercheurs du département de chirurgie expérimentale de l'université McGill à l'étude de ses conséquences sur l'organisme. Ils ont fait courir des chiens âgés de 2 à 5 ans qui pesaient de 43 à 50 livres sur un tapis roulant incliné à 5 degrés. Les animaux couraient de 20 à 30 minutes par jour. J'ai graduellement augmenté la vitesse et la durée de l'exercice. Finalement, les bêtes couraient pendant 60 minutes à une vitesse de 5 à 7 miles à l'heure. Je voulais découvrir si l'exercice violent augmentait la circulation sanguine collatérale, et donc protégeait ces animaux si l'on bloquait expérimentalement deux de leurs artères coronaires. Après six semaines, je fus médusé

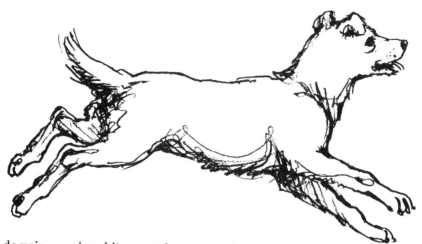

de voir mourir subitement deux des animaux du groupe de contrôle - les artères coronaires des animaux de ce groupe n'étaient pas obstruées - alors qu'ils venaient de courir pendant une heure.

Aucun des animaux, après l'entraînement que je leur ai fait subir, n'avait développé de circulation collatérale dans le coeur. La mort subite de deux de nos quatorze chiens alors que leur coeur était sain et qu'ils avaient couru régulièrement pendant six ou sept sèmaines m'amena à me poser de sérieuses questions sur la valeur réelle du jogging.

J'ai fait courir ensuite un autre groupe d'animaux une heure par jour pendant trois mois. Au bout de ce temps, j'ai obstrué mécaniquement deux de leurs trois artères coronaires. Une fois rétablis de l'opération, je les ai fait courir de nouveau. Et bien! tout leur entraînement s'est avéré inutile. Il n'a pas du tout protégé ces chiens, qui sont tous morts très vite d'un infarctus du myocarde grave - une fois et demie plus vite environ qu'ils seraient morts s'ils n'avaient pas fait de jogging!

A partir de ces quelques données expérimentales et de ma connaissance de l'insuffisance coronarienne, je puis affirmer que le jogging pratiqué de façon intensive est mauvais pour tout malade. Même avec une seule artère coronaire obstruée, le coeur soumis au stress du jogging peut s'arrêter soudain. Inutile de dire que les risques augmentent si plus d'une artère est touchée!

Tous les exercices peuvent être bons - et même le jogging - à condition d'en faire modérément. Evitez tout exercice physique qui vous fait perdre haleine ou qui accélère anormalement le pouls.

J'ai dressé une liste d'activités physiques (voir page 201) pour permettre au lecteur de se rendre compte des bons exercices et de ceux qui présentent certains dangers, et pour le rendre à même de déterminer seul le type d'entraînement physique le plus approprié à son état cardiaque. Les tableaux indiquent la valeur de chaque exercice pour le système cardiovasculaire, et le nombre de calories requis pour le mener à terme. Ils couvrent, vous le constaterez, un large échantillon d'activités, depuis certains exercices de peu de valeur calisthénique - c'est-à-dire peu valables pour le système cardiovasculaire - jusqu'à certains sports très violents comme l'alpinisme et les sports d'équipe.

Le premier conseil reste de toujours s'en remettre au bon sens. Mes tableaux ne sont là que pour vous y aider. Par-dessus tout, il faut *aimer* l'exercice qu'on a choisi de pratiquer. S'il s'agit d'un sport d'extérieur, tant mieux! Le soleil et le grand air réussissent parfois des miracles, quelle que soit l'activité à laquelle on s'adonne.

Je suis moi-même un marcheur. J'aime m'habiller confortablement et, plusieurs fois par semaine, partir pour une longue randonnée. J'essaie de ne pas laisser le mauvais temps m'arrêter. Je recommande fortement la marche. Elle devrait, selon moi, faire partie de tous les programmes de conditionnement physique. En plus de marcher régulièrement, chacun devrait s'astreindre, au moins deux fois par semaine, à une activité un peu plus fatigante et qui fasse transpirer un peu. L'organisme a besoin d'une certaine dose de stress physique, même si l'individu moyen n'est pas assez en forme pour se lancer à toute allure dans de frénétiques séances de course de fond.

Pendant ces deux heures d'exercices hebdomadaires plus durs, on peut soit jouer à la balle, nager, ou peut-être simplement marcher vite, en alternant de temps à autre la marche et un petit pas de course. Après leur opération, je recommande mon programme personnel à de nombreux malades: je marche 40 pas, ensuite je cours 40 pas, puis de nouveau je marche, et ainsi de suite pendant une heure environ. Mais attention! Ceux qui sont trop gros ou qui viennent de se faire opérer doivent y aller très graduellement. Il faut parfois six mois ou même un an avant de pouvoir sans danger s'adonner à cet exercice pendant une heure d'affilée.

Un programme d'exercices physiques personnels se choisit en fonction de l'âge. La quarantaine représente pour la plupart la ligne de partage. Même si c'est un peu arbitraire, les gens sains de moins de quarante ans peuvent pratiquer n'importe quel sport sans danger. Les gens trop gros doivent rester prudents et se contenter au début de marcher, sans plus. Je conseille à ceux qui ont dépassé la quarantaine de diminuer un peu le rythme. Beaucoup d'hommes de plus de 40 ans jouent encore au tennis en simple, je le sais; mais je sais par ailleurs qu'entre 40 et 60 ans de nombreuses personnes meurent subitement après un effort trop violent.

Les tableaux en fin de volume détaillent la valeur des divers sports. J'aimerais pour terminer que le lecteur se rappelle deux choses: d'abord, pour être valable, l'exercice physique doit se faire régulièrement; ensuite, il ne sert pas à grand-chose de s'adonner à un sport, si on néglige les principes alimentaires énoncés au chapitre précédent.

CHAPITRE 8

La chirurgie cardiaque (première partie):
l'opération de Vineberg

Ces 25 dernières années, la chirurgie cardiaque a progressé à pas de géant. Il m'arrive parfois de l'oublier et de me lamenter parce que les choses ne vont pas assez vite à mon goût. Dans mes moments de découragement, je pense à Adam K. ou à d'autres malades comme lui. Alors je reprends courage car je me rends compte du progrès fantastique de ma discipline en un laps de temps très court.

Quand il est venu me voir, Adam avait 45 ans mais en paraissait soixante. Il avait depuis longtemps terriblement mal dans la poitrine. Sa douleur parfois irradiait dans son dos jusqu'aux omoplates. Elle survenait brusquement quand il se fatiguait physiquement ou après avoir mangé. Il avait mal aussi dans les bras. Même couché, il avait beaucoup de difficulté à respirer. Son coeur ne recevait pas assez de sang oxygéné. Ses principales artères coronaires étaient atteintes d'athérosclérose, cette maladie qui obstrue et souvent bloque complètement les artères coronaires et empêche le sang de se rendre jusqu'au coeur.

Sur le conseil de son médecin, Adam avait, en désespoir de cause, accepté d'essayer l'ultime traitement: une intervention chirurgicale. Nous en parlions et n'avions rien à nous cacher: il avait peur et ne se gênait pas pour le laisser paraître.

Je me souviens très bien de notre conversation.

— *Est-ce qu'il y a des risques que je meure des suites de l'opération?*

— *Vous avez 98 pour cent de chances de* ne pas *mourir!*

— *Est-ce que je n'aurai plus mal?*

— *Il y a 90 pour cent de chances que la douleur cesse ou qu'elle soit beaucoup plus supportable qu'avant.*

—Combien de temps puis-je espérer vivre encore après l'opération?

—Vous avez 92 pour cent de chances d'être encore vivant cinq ans après!

—Est-ce que je pourrai mener une vie active?

—Oui, sans doute! Vous pourrez, je crois, mener une vie tout à fait normale.

—L'opération va durer combien de temps?

—Cinq heures, peut-être six!

A elle seule, l'anesthésie dure parfois une heure. Il faut anesthésier lentement le patient pour que sa fréquence cardiaque n'augmente pas et pour empêcher une chute subite et dangereuse de sa pression artérielle.

Un peu rassuré par le début de notre entretien, Adam a voulu savoir comment les choses se passeraient après l'opération. Je lui ai dit qu'il pourrait sans doute regagner son domicile trois semaines plus tard. Il habitait à l'extérieur de la ville. S'il avait vécu à Montréal, il aurait pu rentrer après deux semaines. Je l'ai assuré pour terminer qu'il serait très vite sur pied, capable de marcher, de monter les escaliers et de reprendre normalement le travail.

En le lui disant, cela m'a surpris moi-même!

Gravement malade, effrayé tantôt à l'idée de mourir et, la minute suivante, à l'idée d'avoir à supporter son calvaire encore longtemps, il y a quelques années on aurait conseillé à Adam de préparer son testament et de mettre ses affaires personnelles en ordre. Et voilà que je lui dis d'envisager l'avenir parce qu'il a toutes les chances du monde de survivre et, en plus, de mener enfin une existence normale et heureuse!

Ce que je lui affirme n'est pas une forfanterie de chirurgien!

J'ai opéré beaucoup de mes patients voilà plus de vingt ans! S'ils meurent, tout me porte à croire que ce ne sera pas à cause du coeur. Certains mourront même peut-être de mort naturelle. Les chirurgiens de la fin des années 1930, ou même des années 1940, sont conscients des progrès extraordinaires de la chirurgie. Depuis quelques années, cette science est vraiment sortie du Moyen Âge et a réussi certains exploits sensationnels.

Le lecteur ne m'en voudra pas trop, j'espère, de citer mon histoire personnelle. Il m'arrive souvent, quand je sors de la salle d'opération, de penser à mon père. Au milieu des années 1930, à 53 ans, il a fait un infarctus du myocarde grave. Sa vie, après la crise, est devenue un intolérable cauchemar. Il a survécu cinq ans. Et je

"Vous avez 98 pour cent de chances de ne pas mourir."

me souviens clairement de son angoisse et de sa douleur.

Il est mort dans la force de l'âge et personne n'a rien pu pour lui, sauf parfois soulager son mal. Dire qu'aujourd'hui je pourrais lui sauver la vie!

La chirurgie représente maintenant pour de nombreux cardiaques le plus réel espoir. Elle n'a rien en commun avec les traitements médicaux traditionnels à base de médicaments. Elle est infiniment plus efficace. Bien sûr, la chirurgie n'est pas le remède universel à l'insuffisance coronarienne. Il ne faut pas opérer automatiquement quelqu'un dès qu'il vient de faire une crise cardiaque. Dans certains cas, l'opération reste inutile. Beaucoup de

121

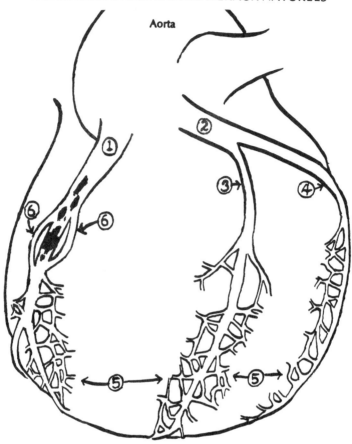

(1) Artère coronaire droite

(2) Artère coronaire gauche

(3) Artère descendante antérieure

(4) Artère circonflexe

(5) Artérioles myocardiques

(6) Nouvelles ramifications naturelles de l'artère coronaire droite qui permettent de contourner le point d'obstruction.

Fig. 12: les artères coronaires de surface développent parfois de façon naturelle des vaisseaux sanguins collatéraux pour permettre au sang de contourner les points d'obstruction.

personnes font des crises sans même s'en rendre compte. On ne découvre leur lésion au coeur qu'après leur mort, sur la table d'autopsie!

Mais alors comment déterminer quand l'intervention chirurgicale s'impose? Personnellement, je procède comme suit: j'examine par ciné-coronaro-artériographie - l'examen qui donne aux rayons X une image animée du réseau artériel - les artères de toute personne atteinte d'affection coronarienne patente avec des symptômes qui persistent depuis plus d'un an. Je puis de la sorte me prononcer sur la gravité du cas. Si l'examen montre qu'une, deux ou trois artères coronaires sont endommagées ou bloquées au point de mettre la vie du malade en danger, je lui conseille l'intervention chirurgicale. Une artère bloquée à 1,5 ou à 2 pouces de son origine ne nécessite pas toujours d'opération. Elle forme parfois d'elle-même des vaisseaux collatéraux naturels qui dépassent et contournent les points d'obstruction. S'il n'y a qu'une seule artère bloquée, surtout dans le cas de l'artère coronaire droite, et si le tronc artériel principal reste sain, même quand les symptômes sont manifestes, il n'est pas toujours nécessaire d'opérer. Cependant, une artère bloquée *à son origine* demande une intervention chirurgicale. Dans mon hôpital, la décision finale d'opérer ou non se prend de concert avec un cardiologue, le docteur John Shanks, et ses collègues. Ils déterminent également si je dois procéder à l'opération immédiatement ou si je puis attendre quelques mois.

Depuis nombre d'années déjà, je prône la chirurgie dans la plupart des cas d'insuffisance cardiaque, et j'insiste pour l'appliquer aux malades qui souffrent d'insuffisance coronarienne. Au moment de rédiger ces lignes, plusieurs centaines de patients constituent une preuve vivante de ce que j'avance. Toutes ces personnes sont encore en vie parce qu'elles ont été opérées.

Hélas, la chirurgie ne fait pas encore l'unanimité. Ses détracteurs restent nombreux. Un jour, ils finiront bien par se rendre à l'évidence mais, en attendant, beaucoup de malades vont encore mourir pour rien.

Je comprends les cardiaques qui se méfient. Je sais qu'il leur est difficile d'accepter l'idée de l'opération. Le chirurgien lui-même fait parfois peur. On se méfie de quelqu'un qui joue dans le ventre des autres avec d'étranges instruments, et c'est bien naturel!

Je puis pardonner à l'homme de la rue mais je trouve inacceptable que des cardiologues soi-disant intelligents résistent encore en si grand nombre et mènent un combat d'arrière-garde contre la chirurgie cardiaque. Certains la recommandent mais

beaucoup trop d'autres ne le font pas, même si les statistiques leur démontrent l'évidence!

Il existe encore une autre race de cardiologues: ceux qui attendent que leurs malades agonisent avant de leur conseiller d'aller consulter le chirurgien. Comparé à l'intervention chirurgicale, le meilleur traitement médical de l'insuffisance coronarienne reste dérisoire. Il n'existe pas de vrai traitement médical! On n'en connaît aucun capable de guérir des artères coronaires rétrécies ou obstruées. Le problème en est un de simple hydraulique. Seule l'intervention chirurgicale permet de rétablir l'approvisionnement sanguin au coeur.

Je vais essayer d'expliquer le point de vue de ces cardiologues. Les concepts traditionnels ont la vie dure. La chirurgie cardiaque est une science relativement récente. Il n'y a pas si longtemps, certains considéraient encore le chirurgien comme l'artisan du diable parce qu'il osait enlever un appendice. Les traditionnalistes, en effet, proclamaient que l'appendice était l'oeuvre de Dieu, qu'Il avait

*Pendant les années 1950, de
nombreux cardiologues opposés
à la chirurgie préféraient
s'asseoir au chevet du malade et
attendre qu'il meure.*

de bonnes raisons de l'avoir mis dans le corps humain et que l'enlever, c'était servir le diable!

Je suis revenu de la guerre, que j'ai faite dans le Corps médical canadien, en 1945. On ridiculisait alors publiquement ceux qui pensaient, pour guérir l'insuffisance coronarienne, faire quoi que ce soit d'autre que prescrire au malade du repos et lui administrer des médicaments. On considérait encore la chirurgie cardiaque comme une folie pure et les chirurgiens comme des fous.

Pourtant quelques chirurgiens d'avant-garde avaient tenté de jeter un peu de lumière sur l'ignorance crasse qui entourait le coeur. Le docteur C.S. Beck, par exemple, de l'armée de réserve, à Cleveland, avait essayé en 1935 d'améliorer la circulation sanguine vers le ventricule gauche - l'une des quatre cavités du coeur - en cousant une greffe musculaire à la surface du coeur. Sa tentative échoua: les muscles ne se soudent pas très bien entre eux. Deux ans plus tard, le docteur L. O'Shaughnessy, en Angleterre, essaya la même chose en pratiquant un type de greffe différent. Sa tentative réussit partiellement. Malheureusement, la seconde guerre mondiale interrompit ses travaux et le faucha prématurément sur les plages de Dunkerque.

Le docteur Forssman, en 1929, avait mis au point une technique de cathétérisme cardiaque, reprise en 1941 par les docteurs André Cournand et Dickinson Richards, pour examiner aux rayons X les communications interventriculaires dans le coeur de jeunes enfants. Il a fallu attendre 1958 pour que le docteur Mason Sones et son équipe mettent au point, à la Clinique de Cleveland, le ciné-coronaro-artériogramme qui permet de voir chaque artère coronaire. Avant cela, seule l'autopsie renseignait vraiment le médecin. Il fallait attendre la mort du malade pour connaître l'état réel de ses artères coronaires, de leurs ramifications, des communications entre elles et de la géographie précise des communications artérielles vers le coeur.

Même aujourd'hui, le constat définitif se pose encore dans le laboratoire du pathologiste. Il faut autopsier des centaines de coeurs pour apprendre ce qu'est réellement la maladie. Après leurs études médicales, la grande majorité des cardiologues n'entrent plus que très rarement dans les salles d'autopsie. Le docteur P.M. Zoll, cardiologue à l'hôpital Beth Israël de Boston, est une de ces exceptions qui confirment la règle. Le docteur P.M. Zoll travaille en étroite collaboration avec un pathologiste, le docteur M.J. Schlesinger, et a toujours mené de front ses recherches pathologiques et son travail clinique.

Pendant les années 1950, les cardiologues lisaient des électro-cardiogrammes et mesuraient au moyen de certains tests le volume de sang qu'éjecte le coeur à la minute. Mais ils ne connaissaient rien ou pas grand-chose de l'anatomie et de la pathologie du coeur humain ou des artères coronaires. Ces messieurs avaient bien trop de travail pour entrer dans une salle d'autopsie!

Le cardiologue moyen croyait que le malade se portait mieux sans intervention chirurgicale. Il se tenait à son chevet pendant que le malheureux était en train d'agoniser et rassurait la famille en lui affirmant qu'il avait tenté l'impossible. Il connaissait de la maladie ce que lui en disait le malade. Il se basait pour établir son diagnostic sur les plaintes de ce dernier, sur la façon dont il réussissait ses tests d'effort et sur d'innombrables électrocardiogrammes encore moins fiables à l'époque qu'aujourd'hui. Entre autres aberrations, les cardiologues s'imaginaient que le coeur, s'il ne recevait plus assez de sang, formait de lui-même de nouveaux conduits collatéraux pour rétablir la circulation sanguine et soulager la douleur.

GREFFE DE L'ARTÈRE MAMMAIRE INTERNE GAUCHE
DANS LA PAROI VENTRICULAIRE GAUCHE

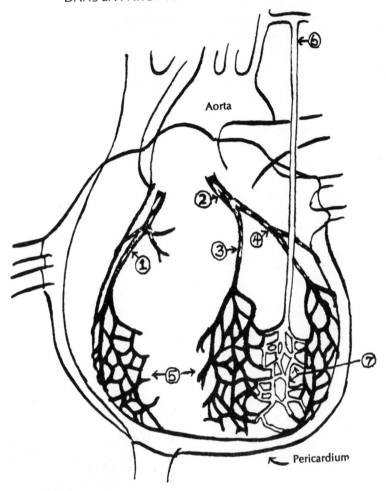

Fig. 13: (1) Artère coronaire droite lésée

(2) Artère coronaire gauche lésée

(3) Artère coronaire descendante antérieure lésée

(4) Artère circonflexe lésée

(5) Artérioles myocardiques saines

(6) Artère mammaire interne gauche saine

(7) Nouvelles ramifications de l'artère mammaire
    interne gauche greffée dans le muscle cardiaque

127

L'idée est dure à avaler! Ils prétendaient, en somme, que le sang, d'une manière assez mystérieuse, parvenait quand même à entrer dans le muscle cardiaque quand les artères coronaires étaient bloquées. C'est tout de même un peu fort! D'autant plus qu'au même moment des pathologistes comme le docteur Schlesinger avaient proùvé, grâce à des examens spéciaux par injection pratiqués sur de nombreux coeurs humains, que cela se produit extrêmement rarement.

Après un infarctus du myocarde, quand le muscle cardiaque cicatrisé et le péricarde - enveloppe séreuse qui entoure le coeur - fusionnent, il arrive parfois que les vaisseaux sanguins traversent directement le péricarde pour atteindre le coeur. Il existe alors un approvionnement sanguin extracoronaire. Mais, je l'ai dit, c'est rare. Dans la plupart des cas, le coeur reste suspendu dans son enveloppe, isolé du reste de la circulation, et dépend complètement des artères coronaires pour recevoir le sang oxygéné dont il a besoin.

Les étapes qui ont mené à l'Opération de Vineberg

Avant la seconde guerre mondiale, j'enseignais l'anatomie et l'ablation du poumon. Je me suis souvent arrêté à examiner les artères mammaires internes qui se trouvent dans cette région. Je me disais: "Si seulement je pouvais les amener jusqu'au coeur!" Elles semblaient idéales. Les deux artères mammaires internes se trouvent derrière le plastron sterno-costal. Elles alimentent en sang oxygéné le sternum, les muscles de la poitrine et les seins. Elles ont à peu près la même dimension que les artères coronaires et sont faciles à déplacer de leur position originelle sans compromettre l'afflux sanguin aux organes qu'elles alimentent. Elles se retrouvent chez la femme et l'homme mais sont plus larges chez ce dernier.

J'étais convaincu que des artères coronaires endommagées n'étaient pas d'un grand secours pour amener au coeur une plus grande quantité de sang.

Reprenons l'analogie de la tuyauterie défectueuse dans une maison. Cela correspond assez bien à la pathologie de l'insuffisance coronarienne. Quand le robinet ne fonctionne plus, le propriétaire fait venir un plombier qui creuse le sous-sol dans la cave jusqu'au moment où il découvre l'endroit où la canalisation est bouchée. Il remplace une partie du tuyau mais très souvent, quelques mois plus tard, le système est à sec de nouveau: la canalisation s'est bouchée quelque part ailleurs.

Exactement comme la rouille dans les canalisations, l'athérosclérose affecte habituellement les artères coronaires de façon disséminée. Un bon plombier remplace le système au complet, plutôt que d'essayer de réparer le vieux tuyau à l'endroit où il est bouché.

J'ai commencé mes expériences de greffe d'artères mammaires dans le coeur d'animaux avec cette même idée en tête. A l'époque, le résultat de mes travaux fut considéré par de nombreux chercheurs comme une découverte majeure. Mais ce qui marchait sur des animaux pourrait-il être valable sur l'homme? Je passai outre aux remarques. J'étais certain d'être sur la bonne voie et sur le point de révolutionner complètement le traitement de l'insuffisance coronarienne.

S'il pratique les opérations de Vineberg, le chirurgien ne touche pas aux artères coronaires endommagées ni à leurs ramifications à la surface du coeur. Elles fournissent assez de sang oxygéné au coeur du malade pour le maintenir en vie sans plus - elles sont l'équivalent des vieux tuyaux rouillés! Le chirurgien pose plutôt dans le muscle cardiaque de nouvelles canalisations artérielles et contourne toutes les artères coronaires obstruées. Ces conduits artériels nouveaux réalimentent le coeur. J'ai mis au point cinq opérations du genre. Dans l'opération de revascularisation numéro un, l'opération de Vineberg originelle, je greffais l'artère mammaire interne gauche dans la paroi du ventricule gauche.

Il me fallut cinq ans d'expérimentation pour mettre cette technique au point. Je l'ai utilisée pour la première fois sur un être humain en 1950. Je vais tenter de la décrire assez simplement: il s'agit d'écarter soigneusement du sternum, sur une distance de huit à neuf pouces, l'artère mammaire interne gauche, branche de l'artère principale (sous-clavière) qui descend vers le bras et se termine dans le muscle de l'abdomen. Le chirurgien ligature ensuite toutes les branches de cette artère qui approvisionnent les muscles de la poitrine, et la détache à l'endroit où elle entre dans le muscle abdominal (fig. 3). L'artère mammaire interne se trouve complètement déplacée de sa position initiale, sauf pour ce qui est de son attache à l'artère sous-clavière dont elle reçoit le sang. Le chirurgien ouvre ensuite largement l'enveloppe du coeur - le péricarde - et découvre les quatre pompes cardiaques.

Il pratique un tunnel dans la paroi musculaire du ventricule gauche - pour les greffes gauches - ou dans celle du ventricule droit - pour les greffes droites. La longueur en est habituellement de 1,5 pouce à 2 pouces (fig. 4). Dans le ventricule gauche, il faut creuser

assez profondément entre les extrémités des ramifications des vaisseaux coronaires de surface. Le chirurgien introduit la partie libre de l'artère mammaire interne dans ce tunnel. Il garde ouvertes d'une à trois branches collatérales de l'artère pour laisser le sang s'écouler dans les zones sinuso-myocardiques (fig. 20). Il coud avec un fil de coton l'extrémité fermée de l'artère au muscle cardiaque à la fin du tunnel. L'autre extrémité reste branchée à la grande artère qui alimente le bras. Le sang artériel s'écoule de l'artère mammaire par les branches latérales laissées ouvertes et passe dans le myocarde ventriculaire gauche (fig. 21). En se contractant, le coeur éjecte le sang plus loin et contribue à garder l'artère greffée ouverte. Après douze jours, l'artère mammaire interne commence à produire de véritables ramifications artérielles (fig. 19). Ces ramifications poussent et rencontrent dans le myocarde d'autres artérioles, ramifications terminales des artères coronaires de surface. Après une intervention chirurgicale, il faut de six semaines à deux mois pour que ces nouvelles ramifications se soudent aux extrémités des artères coronaires et alimentent en sang le

Cinq mois après son opération, il avait recommencé à prospecter.

myocarde qu'approvisionnait originellement les artères coronaires malades (fig. 13).

Anatomiquement, chez 72 pour cent des patients qui subissent cette intervention, une seule artère mammaire interne suffit à fournir du sang oxygéné aux ramifications des trois artères coronaires, en passant par le réseau des artérioles du myocarde saines, quand les dites artères coronaires sont bloquées. Une artère mammaire interne ainsi implantée dans la paroi du ventricule gauche joue le rôle d'un nouveau tuyau contournant les artères coronaires de surface malades pour apporter, par le chemin des artérioles intramyocardiques saines, du sang fraichement oxygéné au muscle cardiaque qui se contracte.

En 1950, un tailleur finlandais vint me voir. Son médecin traitant avait entendu parler de mes travaux expérimentaux. Ce malade était un pauvre bougre et son coeur était en si mauvais état qu'il n'avait pas quitté sa chambre depuis deux ans.

Je l'ai opéré mais sa pression artérielle est restée très basse tout au long de l'opération. Je voulais utiliser un vasopresseur - agent qui augmente la pression artérielle. J'avais vu le docteur Réginald Smithwick, de l'Hôpital général du Massachusetts à Boston, s'en servir sur des patients qui souffraient d'hypertension. Selon les cardiologues, le vasopresseur allait resserrer les artères coronaires de mon malade et le tuer à coup sûr. Allégation ridicule! me disais-je, car comment des artères coronaires malades, durcies et rigides pourraient-elles se resserrer sous l'effet d'un vasopresseur?

Toujours est-il que je n'utilisai pas de vasopresseur dans le cas du tailleur finlandais. Il mourut 62 heures après l'opération. A l'autopsie, j'ai découvert qu'il n'avait, au moment de l'intervention chirurgicale, pour alimenter tout son coeur qu'un passage de la grosseur d'une tête d'épingle dans une des artères coronaires. Les deux autres étaient tout à fait fermées. En d'autres termes, ses artères coronaires ne lui servaient presque plus à rien. Un nouveau caillot de sang bloqua la seule artère encore vaguement valide et provoqua sa mort. L'artère mammaire interne que j'avais greffée était grande ouverte. Malheureusement, le malade n'avait pas vécu assez longtemps pour qu'elle puisse se ramifier et fournir au coeur assez de sang oxygéné. Il était mort, même si l'opération avait été une véritable réussite.

—Qu'espérez-vous donc quand vous opérez un malade atteint d'insuffisance coronarienne? me demanda un cardiologue en haussant les épaules.

De meilleurs résultats, me dis-je. J'étais déterminé à continuer.

Le chirurgien doit travailler en étroite collaboration avec le cardiologue.

Depuis cette opération-là, j'ai utilisé un vasopresseur. Les cardiologues du monde entier s'en servent aujourd'hui pour maintenir la pression artérielle chez des patients qui souffrent d'infarctus du myocarde dû à une insuffisance coronarienne, et on s'en sert tous les jours dans les unités coronariennes de soins intensifs.

Mon second malade, un prospecteur de l'Ouest, m'est arrivé sur ces entrefaites. Il savait que mon premier patient était mort mais se savait lui-même au bout de son rouleau et se sentait prêt à courir le risque.

J'aimais bien Henri. Il avait du cran. C'était un type très bien. A 54 ans, il était gravement handicapé. Quand il m'arriva, il venait

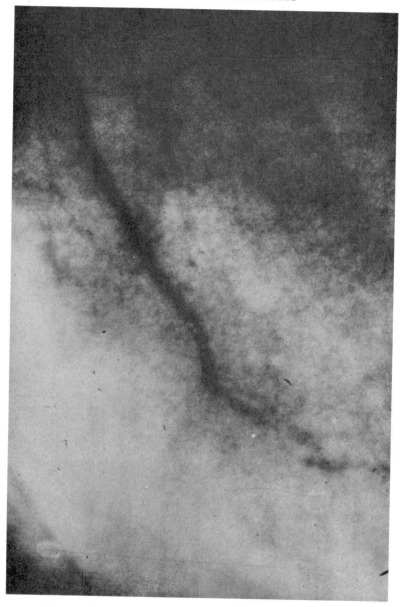

Fig. 14: Photo du ciné-angiogramme d'une greffe d'artère mammaire interne prise par le docteur Sones. L'angiogramme a été fait sept ans et demi après l'intervention chirurgicale. On remarque au centre de la photo l'artère greffée qui fonctionne et alimente en sang le muscle cardiaque.

de faire une crise cardiaque. Son état s'aggrava sur la table d'opération. Je travaillai vite et gardai bon espoir. Quand il se réveilla de l'anesthésie, il allait bien. Trois semaines plus tard, il reprenait l'avion pour l'Ouest; et cinq mois plus tard, il prospectait de nouveau. Il a continué de vivre et de travailler sans avoir mal pendant plus de sept ans.

L'opération avait été un plein succès et on commença dès lors à me prendre un peu plus au sérieux. En 1952, feu le docteur Walter Scriver, alors professeur de médecine, créa une équipe médicale composée des docteurs Phillip Hill, Peter Paré et, plus tard, du docteur John Shanks pour travailler avec moi à l'hôpital Royal Victoria. Je dois souligner qu'il est important pour un chirurgien de travailler en collaboration étroite avec un ou deux cardiologues. Au fil des années, j'ai toujours laissé aux cardiologues le soin de déter-

ANGIOGRAMME DU RÉSEAU CORONAIRE GAUCHE

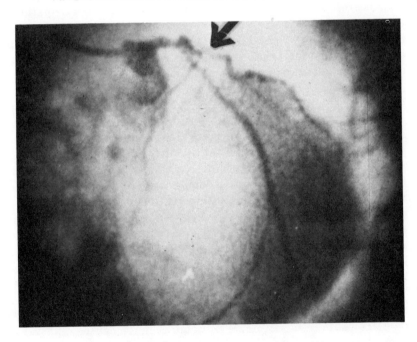

Fig. 15: Ciné-coronaro-angiogramme qui montre les lésions aux artères coronaires gauche, descendante antérieure et circonflexe, sept ans et demi après la greffe de l'artère mammaire interne dans le ventricule gauche que l'on peut voir sur la photo précédente.

miner si un malade souffrait effectivement d'insuffisance coronarienne et, si tel était bien le cas, de juger si ce malade avait ou non besoin d'une intervention chirurgicale. Le cardiologue prépare le patient, vient en salle d'opération de temps à autre et se joint à moi pendant la période de convalescence pour surveiller sa guérison. Si l'opéré habite en dehors de la ville, son propre cardiologue doit le prendre en charge et lui prodiguer les soins postopératoires; s'il vit à Montréal, nos cardiologues s'en chargent.

Les cardiologues avec qui j'ai eu l'occasion de travailler connaissaient parfaitement l'anatomie et la pathologie de l'artère coronaire. Après de nombreuses années de pratique à mes côtés, ils savaient également quel traitement chirurgical convient le mieux à un patient donné. Mes malades ont toujours été soigneusement sélectionnés et leur traitement médical méticuleusement choisi. Ces deux facteurs ont contribué à maintenir notre pourcentage d'échec opératoire extrêmement bas et nous ont permis de nous occuper de malades refusés partout ailleurs. Notre réussite auprès de patients très gravement atteints - et nous en avons admis de nombreux - n'aurait pas été possible non plus sans la collaboration d'anesthésistes de grande expérience, extrêmement spécialisés et qui s'occupaient uniquement des malades du coeur.

Vers 1958, nous avons commencé à tenir certaines statistiques. Six ans après leur opération, sur quarante malades qui ne souffraient pas, avant l'intervention chirurgicale, d'angine en décubitus - qui n'avaient donc pas mal au repos - 28 ne souffraient plus ou presque plus de douleur angineuse, et un autre avait considérablement moins mal. Dans 73 pour cent des cas, l'opération avait amélioré l'état de mes malades. Notre équipe pouvait à juste titre s'en énorgueillir, même si les résultats restaient moins satisfaisants dans le cas de patients qui souffraient d'angine en décubitus avant leur opération. D'ailleurs, avant 1962 personne n'opérait ce genre de malades. Il a fallu attendre que je mette au point l'épicardiectomie à action rapide et la greffe épiploïque qui complètent la greffe de l'artère mammaire interne (j'y reviendrai plus loin dans ce chapitre).

Les opérations se sont poursuivies. Un patient satisfait m'en référait un autre et les médecins m'en référaient aussi. La nouvelle de notre réussite faisait boule de neige et notre centre était sur le chemin de la célébrité. Personnellement, j'ai trouvé cette période très fatiguante. En plus de pratiquer de nombreuses opérations, j'avais à donner des conférences et à présenter les résultats de mes travaux dans de multiples congrès médicaux partout dans le monde.

Il restait quelques sceptiques irréductibles, bien sûr. L'équipe

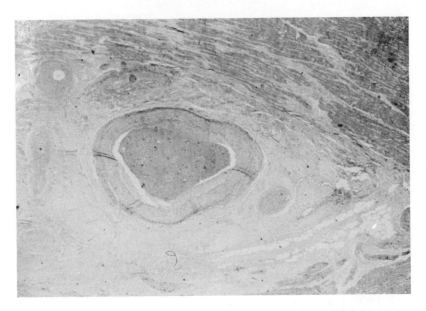

Fig. 16: Microphotographie d'une artère mammaire interne douze ans et demi après sa greffe dans la paroi ventriculaire gauche. L'artère mammaire interne est la seule artère ouverte dans tout le coeur du malade.

médicale de la Clinique de Cleveland, par exemple, doutait que les artères mammaires internes que j'avais greffées soient restées ouvertes. Je relevai le défi. En novembre 1961, j'envoyai un patient au docteur Mason Sones pour qu'il l'examine de ses propres yeux. Il accepta d'étudier l'état des artères de mon malade.

Quelques jours plus tard, le téléphone se mit à sonner dans mon bureau. C'était le docteur Sones. Il était tellement excité et criait si fort que je dus garder le récepteur loin de l'oreille. Il avait terminé ses examens: l'artère greffée 7 ans plus tôt était encore grande ouverte et fournissait au coeur le sang oxygéné dont il avait besoin (fig. 14). Pourtant les artères coronaires gauche et droite du malade étaient notablement obstruées (fig. 15). La personne en question mourut cinq ans plus tard. On se rendit compte à l'autopsie que ses artères coronaires avaient fini par se bloquer complètement. On put également, par injection d'une substance radio-opaque dans l'artère mammaire que j'avais greffée douze ans et demi plus tôt, examiner tout le réseau des artères coronaires jusqu'à leurs points d'obstruction. Des coupes histo-pathologiques de cette artère mammaire

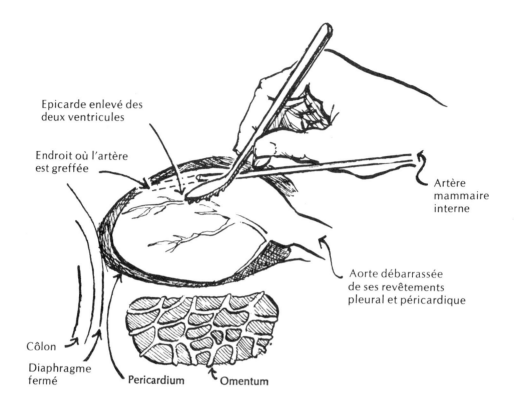

Epicarde enlevé des
deux ventricules

Endroit où l'artère
est greffée

Artère
mammaire
interne

Aorte débarrassée
de ses revêtements
pleural et péricardique

Côlon

Diaphragme
fermé

Pericardium

Omentum

Fig. 17: Greffe de l'artère mammaire dans la paroi ventriculaire gauche avec épicardectomie et greffe épiploïque.

interne révélèrent de façon certaine qu'elle n'était pas atteinte
(fig. 16). Elle seule avait continué d'alimenter le coeur du patient en
sang oxygéné.

Le docteur Sones envoya son adjoint, le docteur Donald Effler,
chef du département de chirurgie thoracique, assister à Montréal à
certaines de mes opérations et se familiariser avec la greffe de
l'artère mammaire interne gauche dans la paroi ventriculaire
gauche. Le docteur Effler effectua trois séjours dans notre hôpital.
Selon ses propres dires, l'opération que nous y pratiquions représen-
tait un moment décisif de la chirurgie cardiaque et constituait un
progrès majeur. Peu après, il commença à la pratiquer lui-même à
Cleveland. Nos travaux l'enthousiasmaient tellement qu'il baptisa

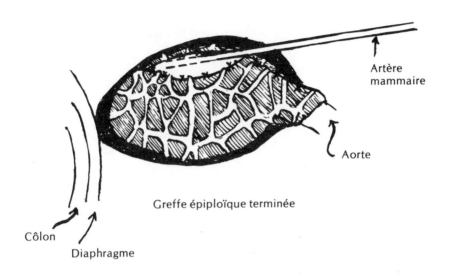

Artère
mammaire

Aorte

Greffe épiploïque terminée

Côlon

Diaphragme

Fig. 18: Intervention chirurgicale terminée: greffe de l'artère
mammaire interne dans la paroi du ventricule gauche avec
épicardectomie et greffe épiploïque.

l'opération: *opération de Vineberg*. Depuis lors, le docteur Effler est
resté un ardent défenseur de la greffe de l'artère mammaire interne
dans la paroi du ventricule pour traiter les cas d'athérosclérose
disséminée des artères coronaires.

Notre technique continuait d'aller son petit bonhomme de
chemin. Chaque opération apportait une preuve nouvelle de son
efficacité. Même si parfois les apparences semblaient montrer le
contraire. En 1953, par exemple, j'opérai un cuisinier. Son état ne
s'améliora pas et j'en étais très désappointé. Il se trouva un travail
tranquille de surveillant dans un terrain de stationnement. Trois
ans et demi plus tard, un chirurgien de Denver pratiqua une seconde
intervention. Il constata sur la paroi du ventricule droit du malade

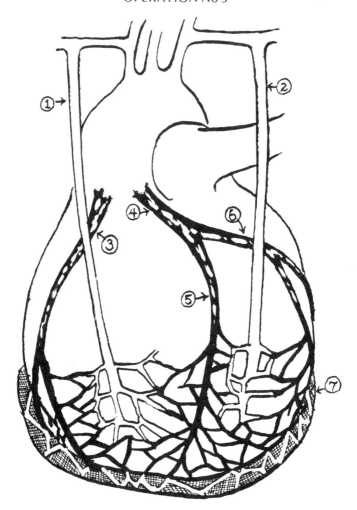

(1) Artère mammaire interne droite saine greffée dans la paroi du ventricule droit.

(2) Artère mammaire interne gauche saine greffée dans la paroi du ventricule gauche.

(3,4,5,6) Artères coronaires lésées.

(7) Greffe épiploïque

Fig. 19: Greffe des artères mammaires internes gauche et droite dans les parois ventriculaires gauche et droite, avec greffe épiploïque.

140

un important anévrisme qui n'était pas là quand je l'avais opéré à Montréal. Le patient mourut sur la table d'opération. On pratiqua son autopsie: la seule artère ouverte de son coeur était l'artère mammaire que j'avais greffée trois ans et demi plus tôt. Elle alimentait le ventricule gauche dans lequel elle avait été implantée mais non le ventricule droit où malheureusement se développa cet anévrisme. Quand il est venu me voir la première fois, ce malade avait au moins une artère coronaire ouverte; sinon, il n'aurait pu survivre à l'opération. Par la suite, l'athérosclérose obstrua petit à petit toutes ses artères coronaires. Seule l'artère mammaire interne - qui ne présentait aucune trace d'athérosclérose - permit de le maintenir en vie le temps qu'il a vécu.

Développements ultérieurs de l'opération de Vineberg

Déjà mes opérations étaient révolutionnaires mais je voulais sauver le plus grand nombre de vies humaines possible. Il me fallait continuer mes recherches et trouver le moyen de mieux distribuer le sang oxygéné que l'artère mammaire interne amenait au coeur. C'est pourquoi je mis au point l'*épicardiectomie*, qui consiste à enlever chirurgicalement l'enveloppe séreuse du péricarde - tissu qui couvre les vaisseaux coronaires et le muscle cardiaque - pour permettre d'ouvrir des vaisseaux sanguins collatéraux dans le ventricule gauche (fig. 17). J'associai l'épicardiectomie à ces opérations que de plus en plus de chirurgiens appelaient *technique de Vineberg*. Plus tard, pour répartir mieux le sang et le faire circuler plus facilement depuis les vaisseaux sanguins de l'enveloppe du péricarde jusqu'aux extrémités des artères coronaires, je me suis servi d'une greffe épiploïque. L'association de ces diverses techniques constituait mon opération de revascularisation numéro deux.

Pour effectuer une greffe épiploïque, il faut enlever de l'intestin qu'il recouvre le grand épiploon - membrane graisseuse abdominale. On stoppe ainsi tout son approvisionnement sanguin mais il se renouvelle très vite. L'épiploon stimule les vaisseaux sanguins en contact avec ses deux surfaces à se ramifier. Les vaisseaux qui partent de l'enveloppe vasculaire péricardique ou des extrémités des artères coronaires situées dans la paroi cardiaque elle-même traversent la bande d'épiploon et s'y rejoignent. On enlève pendant l'opération le feuillet séreux du péricarde, de même que l'épicarde qui couvre le muscle cardiaque et les artères coronaires. Les vaisseaux sanguins se ramifient donc, je le répète, à partir des vaisseaux péricardiques et des vaisseaux coronaires au

travers de ce morceau d'épiploon greffé sur le coeur. Le sang oxygéné afflue depuis les vaisseaux péricardiques, pénètre dans le réseau d'artérioles myocardiques, extrémités terminales des artères coronaires, et entre dans le coeur en dépassant les nombreux points d'obstruction des artères coronaires malades. J'ai testé cette technique pendant trois ans avant de l'utiliser pour traiter l'insuffisance coronarienne chez l'homme.

J'ai pratiqué ce genre d'opération sur de nombreux patients en association avec une greffe simple et, plus tard, avec de doubles greffes des artères mammaires internes. Une variante est devenue mon opération de revascularisation numéro trois (fig. 17 et 18).

Au cours de l'opération numéro trois, je coupe l'épicarde qui recouvre les grosses artères coronaires serpentant à la surface du coeur, et le rabas de chaque côté de celles-ci. De la sorte, je mets à nu dans la graisse péricoronaire de nombreux petits vaisseaux. Je découpe ensuite une bandelette d'épiploon d'un pouce de large qui contient au moins deux ou tros vaisseaux sanguins et je la couds à l'épicarde de façon à ce qu'elle repose directement sur toute la longueur de l'artère coronaire malade. Je fixe la bandelette d'épiploon à l'artère pulmonaire ou à la partie supérieure de l'aorte. Dans les deux variantes de greffe épiploïque, la nature même de l'épiploon stimule les vaisseaux sanguins à se ramifier et à repousser dans le tissu nouvellement greffé. Le sang oxygéné chemine alors depuis le péricarde et les gros vaisseaux sanguins à

De nombreux malades, après leur opération, recommencent à vivre une vie normale.

travers la couche d'épiploon jusqu'aux extrémités saines des artères coronaires, enfouies dans la paroi du coeur.

A mesure que progressaient mes travaux, le taux de mortalité parmi mes opérés diminuait. Il finit par tomber presque à zéro. Un moment donné, j'avais effectué cinquante-quatre greffes sans avoir déploré un seul décès. Hélas! certains de mes malades recommençaient à avoir mal. Les greffes de l'artère mammaire interne dans le ventricule gauche réussissaient à coup sûr et les artères greffées restaient ouvertes. Je me rendis compte, grâce à la ciné-coronaro-artériographie, que les malades qui continuaient de souffrir étaient ceux dont les artères coronaires droites étaient également obstruées. C'est pour ceux-là que j'ai mis au point l'opération de revascularisation numéro quatre: elle consiste à greffer l'artère mammaire interne droite dans la paroi du ventricule droit.

La paroi du ventricule droit est très mince (un cinquième de pouce environ). Le tunnel y est donc difficile à pratiquer et l'opération très délicate. J'ai pourtant réussi ce genre de greffe. Quand de la graisse remplace le muscle ventriculaire - ce qui se produit parfois chez les gens de plus de 65 ans - il est inutile de la tenter.

Je mis au point une ultime combinaison: l'opération de revascularisation numéro cinq qui consiste à greffer, pendant la même opération, les artères mammaires internes gauche et droite dans les parois ventriculaires correspondantes (fig. 19). J'ai réussi cette opération sur beaucoup de malades. Je l'ai pratiquée systématiquement lorsque la ciné-coronaro-artériographie révélait qu'un patient avait des lésions à l'artère coronaire droite et, en même temps, aux artères coronaires descendante antérieure et circonflexe du côté gauche. Il est arrivé que les artères coronaires de certains malades - à qui, des années plus tôt, j'avais déjà greffé l'artère mammaire interne gauche dans la paroi ventriculaire gauche - que leurs artères coronaires, dis-je, s'obstruent à un point tel qu'une seconde greffe devienne absolument indispensable.

Les greffes de l'artère mammaire interne se sont avérées au fil des ans extrêmement efficaces. La ciné-coronaro-artériographie et les examens pathologiques par injection l'ont prouvé: très souvent les artères greffées étaient les seules qui fournissaient encore du sang oxygéné au coeur du patient. L'artère mammaire interne, pour certaines raisons encore inconnues, ne développe pas d'athérosclérose ni quand elle se trouve à sa place initiale derrière le plastron sterno-costal, ni après qu'on l'aie greffée dans la paroi ventriculaire du coeur humain.

CHAPITRE 9

La chirurgie cardiaque (deuxième partie): la revacularisation et autres techniques

Depuis le début de mes travaux, j'ai cherché le moyen de revasculariser tout le coeur de telle sorte qu'il continue à fonctionner, même si toutes les artères coronaires du patient se bloquaient.

Je pense avoir réussi en combinant les greffes des artères mammaires internes gauche et droite dans les parois ventriculaires correspondantes et en y associant l'épicardiectomie et la greffe épiploïque.

Mes vingt-quatre ans de recherches m'ont prouvé que les artères mammaires internes greffées pouvaient maintenir un malade en vie, même si toutes ses artères coronaires étaient tout à fait fermées. Je considère donc avoir atteint mon objectif: revasculariser la totalité du coeur.

Notre pourcentage élevé de réussite et les statistiques devraient convaincre les très grands cardiaques de ne pas perdre courage mais au contraire de retrouver l'espoir. Sur 76 cas d'insuffisance chronique du ventricule gauche traités au moyen d'une greffe chirurgicale, il n'a fallu déplorer que dix pour cent de mortalité opératoire. Dans quatre-vingt-cinq pour cent des cas, l'amélioration de l'état de santé de ces personnes sur une période de 3,2 ans, était considérable. Quatre ans et demi après leur opération, 49 pour cent de ces malades vivaient toujours.

Ces chiffres m'encouragent. En effet, les malades atteints d'insuffisance chronique du ventricule gauche suite à de graves obstructions des artères coronaires avaient - et ont toujours - un pronostic vital très faible. Je continue de prétendre qu'après de nombreuses crises cardiaques, les personnes dont 50 pour cent du

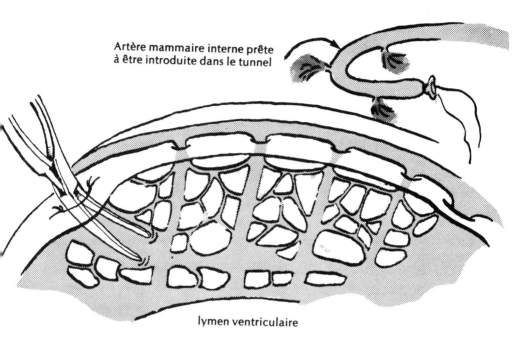

Artère mammaire interne prête
à être introduite dans le tunnel

lymen ventriculaire

Fig. 20: On utilise un ciseau non tranchant pour creuser un
tunnel dans le muscle cardiaque. L'artère mammaire interne
(en train de saigner) est introduite dans ce tunnel.

muscle ventriculaire fonctionnent encore peuvent rester en vie
grâce aux greffes de l'artère mammaire interne. Les artères mammaires apportent à la partie du coeur non cicatrisée mais atteinte
d'ischémie assez de sang oxygéné pour que le patient continue de
vivre. Et cela, ma pratique chirurgicale l'a prouvé!

Revasculariser le coeur en y greffant une ou deux artères mammaires internes signifie prolonger la vie du malade. Je citerai, s'il
est besoin de le démontrer encore, certaines statistiques portant
sur un échantillon plus récent de 48 personnes qui toutes ont subi la
greffe simultanée des artères mammaires gauche et droite. Leur
ciné-angiogramme avait révélé dans tous les cas une insuffisance
évolutive du tronc artériel principal. L'état de 42 malades était
considéré presque comme désespéré: leurs artères coronaires

146

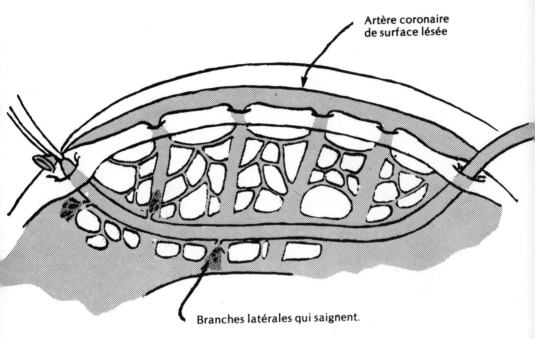

Artère coronaire
de surface lésée

Branches latérales qui saignent.

Fig. 21: Artère mammaire interne qui saigne librement dans
le tunnel et les sinus myocardiques.

principales étaient obstruées en trois ou même quatre points
différents. Dans tout ce groupe, il n'y eut qu'un seul décès
opératoire (soit 2,1 pour cent). 90 pour cent des patients ont cessé
d'avoir mal après l'opération, et on réussit à guérir 75 pour cent de
ceux qui souffraient d'insuffisance chronique du ventricule gauche.
Avant leur opération, quarante de ces malades avaient déjà fait au
moins une crise cardiaque.

Selon les statistiques publiées dans les revues médicales, si l'on
s'était servi des seuls moyens médicaux pour les traiter, vingt de
ces personnes (soit 42 pour cent) seraient mortes après cinq ans.
Nous n'avons eu que trois décès en phase post-opératoire. Après
cinq ans, la mortalité totale (opératoire et post-opératoire) était de 4
malades (soit 8 pour cent) et 44 patients (soit 92 pour cent du groupe)

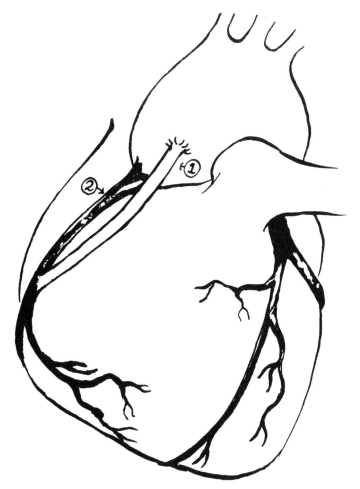

Fig. 22: L'artère coronaire droite obstruée est
revascularisée.
(1) Pontage veineux. (2) Artère coronaire droite

vivaient toujours. Au moment de rédiger le présent ouvrage, j'ai déjà pratiqué sur 680 malades la greffe de l'artère mammaire, associée aux autres procédés décrits dans le chapitre précédent. Un certain nombre de ces personnes ont vécu vingt ans après leur opération.

La greffe de l'artère mammaire interne présente un certain nombre d'avantages précis. D'abord, ce type d'artère ne développe pas d'athérosclérose. Au moins 87 pour cent des artères greffées dans le coeur restent ouvertes pendant de très nombreuses années et alimentent en sang les artérioles myocardiques qui, je l'ai signalé, restent toujours saines. Quand l'athérosclérose obstrue toutes les autres artères, elles seules continuent d'approvisionner le coeur. Les opérations que j'ai mises au point se pratiquent avec moins de 2 pour cent de perte opératoire. Dans 70 à 90 pour cent des cas, l'état de santé des malades s'améliore. Bénéfique dans le traitement de l'insuffisance ventriculaire chronique, mes opérations sont idéales pour guérir les malades qui souffrent d'athérosclérose évolutive et disséminée des artères coronaires. D'un à quatre ans après la greffe, une artère greffée peut encore fournir plus de 150 cc. de sang oxygéné à la minute. Même si la moitié du coeur, à cause de crises cardiaques antérieures, est couverte de cicatrices, les opérations de Vineberg parviennent quand même à revasculariser le muscle ventriculaire gauche.

Les greffes ont aussi certains inconvénients, bien sûr. Il faut du temps avant que l'artère se ramifie et, sauf pour la greffe dans le ventricule droit, le bénéfice pour le malade n'est pas toujours immédiat. Il est impossible de les pratiquer quand le muscle ventriculaire gauche présente de nombreuses cicatrices ou quand la paroi du ventricule est trop mince. Mais un avantage de ces greffes reste leur utilité quand il y a menace de crise cardiaque et qu'il faut revasculariser le coeur le plus vite possible.

La greffe péricoronaire d'une bande d'épiploon présente également des avantages et des inconvénients. Son principal avantage est de rétablir la circulation sanguine artériolaire en moins de huit jours. Malheureusement, dans certains cas, l'épiploon ne peut servir parce qu'il est lui-même strié ou trop gras. Par ailleurs, chez certains individus, il fait parfois congénitalement défaut.

Le pontage coronaire

Pendant que je mettais au point les diverses opérations de Vineberg, d'autres chercheurs tentaient par d'autres moyens de traiter l'insuffisance coronarienne en intervenant directement sur les artères abîmées.

L'une de ces techniques s'appelle endartériectomie. Elle vise à rouvrir les artères coronaires obstruées en grattant les substances qui bloquent l'intérieur; un peu comme si l'on grattait la rouille à l'intérieur d'un vieux tuyau bouché.

Le pontage coronaire est une autre de ces techniques. Le chirurgien prélève un bout de veine dans la cuisse du patient. Il

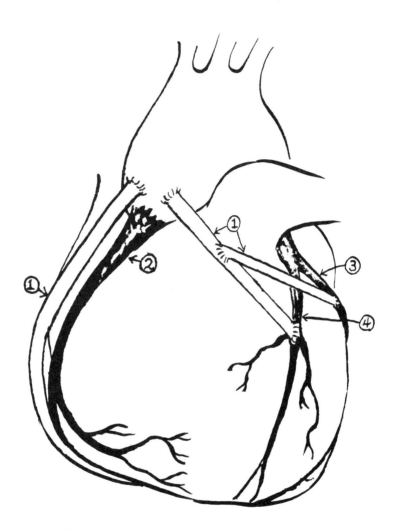

Fig. 23: (1) Pontage veineux

(2) Artère coronaire droite légèrement lésée

(3) Artère coronaire circonflexe lésée

(4) Artère coronaire descendante antérieure lésée

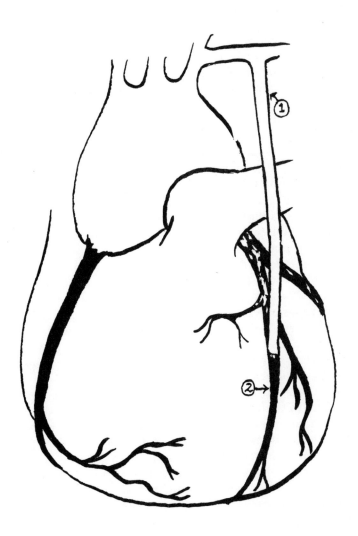

Fig. 24: Artère mammaire interne (1) pontée à l'artère coronaire (2) comme le pratiquent de nombreux chirurgiens.

pratique ensuite un trou dans la plus grosse artère du corps, la grande aorte, là où elle quitte le ventricule gauche, et en perce un second dans l'artère coronaire en aval de son point d'obstruction. Il coud les deux extrémités du greffon veineux sur les rebords de ces deux trous de façon à les couvrir comme il faut. Le sang oxygéné passe de la grande aorte dans le greffon veineux et coule ensuite dans l'artère coronaire. Cette opération s'appelle pontage parce que la veine greffée fait une sorte de pont qui permet au sang de passer par dessus les points d'obstruction des artères. Il faut trois greffes ou même plus quand les trois artères coronaires sont atteintes (fig. 23).

Les opérations de pontage coronaire présentent de nombreux avantages. Entre autres, celui d'amener immédiatement dans l'artère coronaire, plus loin que l'endroit où elle est bouchée, une grande quantité de sang oxygéné. De plus, la greffe fonctionne tout de suite. La période de convalescence s'en trouve raccourcie. Le pontage coronaire est idéal pour traiter de jeunes malades qui souffrent de lésions rapprochées aux artères coronaires. Il est efficace également, semble-t-il, pour prévenir l'infarctus du myocarde chez des patients qui en sont menacés.

Cependant, dans le cas de patients qui ont déjà eu un infarctus grave et qui ne vont médicalement pas très bien, le pontage coronaire ne paraît pas aussi satisfaisant. De nombreux centres y ont renoncé dans les cas d'infarctus grave. Selon certaines statistiques récentes, les patients qui, deux mois avant leur opération, ont fait une crise cardiaque grave, meurent en phase opératoire après un pontage coronaire dans une proportion de 14,5 pour cent. Selon d'autres rapports, certains malades développent un infarctus grave après l'opération. Le pourcentage de ceux chez qui cela se produit diffère selon les centres hospitaliers et varie de 4 à 25 pour cent. Je ne suis donc pas encore tout à fait sûr que le pontage coronaire - par opposition au traitement médical traditionnel - soit bon pour des patients qui ont fait une crise cardiaque juste avant leur opération. Il semble que la technique soit valable dans certains cas désespérés, à condition que les malades soient traités dans des centres hospitaliers bien équipés et surveillés par un personnel expérimenté.

L'apparent succès du pontage coronaire dans les cas de pré-infarctus et, peut-être aussi dans les cas d'infarctus grave, surtout chez ces patients qu'aucune autre technique chirurgicale ne peut soulager, milite, bien sûr, en sa faveur. D'après mon expérience, dans les cas d'infarcissement grave, les greffes de l'artère mammaire interne pour traiter l'ischémie myocardique chronique prennent, en effet, trop de temps pour être réellement efficaces.

J'ai découvert récemment qu'une artère mammaire interne greffée selon une technique nouvelle dans un infarctus grave, vieux de six heures, fournissait immédiatement du sang oxygéné au muscle cardiaque dans la zone de l'infarctus, et donc sauvait le coeur. Cette technique en est au stade expérimental. Je l'ai pratiquée seulement sur des animaux. Cependant, j'ai bon espoir qu'elle sera bientôt tout à fait prête et que je pourrai l'utiliser pour soigner des êtres humains.

Avant de poursuivre, je voudrais m'arrêter aux désavantages du pontage coronaire. Cette opération est une intervention chirurgicale à coeur ouvert. Elle est donc plus risquée. En outre, selon certaines études pathologiques, au moins 44 pour cent des patients atteints d'insuffisance coronarienne ont des lésions dans la seconde partie des artères coronaires qui serpentent à la surface du coeur. La ciné-coronaro-artériographie ne le détecte pas sur un coeur humain vivant. Il se peut donc que de telles lésions existent par delà le point d'attache de la greffe. En pareil cas, le sang oxygéné circule dans des artères malades.

Le pontage coronaire amène le sang frais dans la seconde moitié des artères coronaires et n'alimente donc pas la partie du coeur où s'enfoncent les ramifications issues du début de ces artères. Reprenons l'analogie du système d'irrigation: le pontage coronaire me fait penser à un système qui alimenterait, par exemple, à partir d'un lac du Vermont, l'Etat de New-York en eau potable mais dont le pipeline déboucherait directement dans l'île de Manhattan, sans qu'aucun conduit secondaire ne desserve le reste de l'Etat. Le surplus d'eau potable se perdrait dans l'océan - comme le surcroît de sang s'écoule par le sinus coronaire. Le lecteur comprendra facilement qu'il vaut mieux prévoir un système qui comporte des canalisations secondaires - comme les ramifications des artères mammaires internes - et capable d'irriguer l'ensemble de l'Etat.

Le docteur George E. Green a mis au point une opération à l'Hôpital St. Luke de New-York. Mes commentaires sur cette opération sont assez semblables à ceux que je viens d'émettre à propos du pontage coronaire. Après avoir séparé l'artère mammaire interne du sternum et l'avoir coupée de ses attaches abdominales, le docteur Green en greffe la partie ouverte directement dans l'artère coronaire, plus loin que l'endroit où elle est bouchée. Cette technique, comme le pontage coronaire, envoie le sang oxygéné dans l'artère plus loin que son point d'obstruction. Il ne faut pas confondre l'opération de Green, anastomose de l'artère mammaire interne et de l'artère coronaire, avec l'opération de Vineberg qui consiste en une greffe de l'artère mammaire interne dans la paroi ventriculaire.

22 à 24 pour cent des greffes veineuses pratiquées sur des êtres humains se bloquent en moins d'un an. 30 pour cent d'entre elles se bloquent après deux ans. Ce fait ne résulte pas de défauts techniques mais plutôt de désordres de la circulation sanguine dans les artères coronaires des patients. Parfois, certaines lésions aux artères - qu'on n'a pas réussi à déceler - provoquent également des complications. Très souvent, par ailleurs, quand une greffe veineuse se bloque, l'artère à laquelle elle est attachée se bloque à son tour. Il est donc impossible de remplacer la première greffe veineuse par une seconde. Il m'est arrivé, dans des cas semblables, de greffer avec succès des artères mammaires internes.

Les greffes ne réussissent pas à enrayer l'insuffisance chronique du ventricule gauche. Les patients qui ont déjà fait des crises cardiaques ne réagissent pas aussi bien que ceux dont le coeur n'est pas balafré de cicatrices.

Il est trop tôt pour prédire ce qu'il adviendra à long terme d'opérations qui semblent initialement couronnées de succès car le pontage coronaire ne se pratique que depuis 7-8 ans.

Les opérations de Vineberg comportent aussi leurs inconvénients. Je les ai signalés: il faut de 2 à 6 mois avant que l'artère mammaire interne gauche se ramifie suffisamment pour apporter au coeur assez de sang oxygéné. L'état de la plupart des patients ne s'améliore vraiment qu'au bout de 6 mois.

D'autre part, les opérations de Vineberg présentent certains avantages évidents.

Les artères mammaires internes restent saines. Elles ne s'obstruent pas. Elles continuent, comme on l'a prouvé, de fonctionner pendant au moins sept ans et demi après l'opération.

Une greffe pratiquée au bon endroit a 72 pour cent de chances de revasculariser tout le coeur. La ciné-angiographie et, dans certains cas, l'autopsie d'anciens opérés l'ont montré de façon irréfutable: une artère mammaire interne maintient le patient en vie et en bonne santé, même quand l'athérosclérose a fermé la plupart de ses artères coronaires, sinon toutes.

La greffe de l'artère mammaire interne n'est pas une intervention chirurgicale à coeur ouvert. Elle en évite donc toutes les complications.

Il n'y a pas lieu de s'alarmer quand la greffe d'une artère mam-

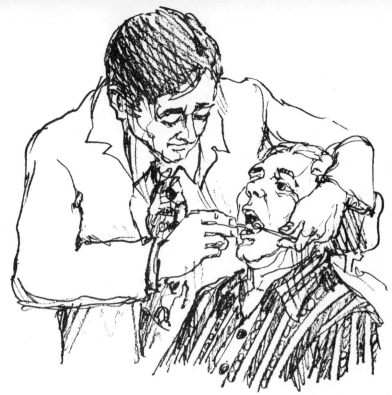

Un abcès négligé provoque parfois une crise cardiaque lorsque le malade est sous anesthésie.

maire interne ne donne pas les résultats prévus. Dans l'opération de Vineberg, l'artère mammaire se greffe dans le coeur entre les artères coronaires. Si l'artère greffée venait à se bloquer, à la différence de la greffe veineuse, cela n'entraînerait pas automatiquement la fermeture de l'une ou l'autre des artères coronaires. La greffe de l'artère mammaire n'interfère pas sur le fonctionnement des artères coronaires qui maintiennent le malade en vie au moment de l'opération. Le chirurgien peut même au besoin greffer une seconde artère dans le muscle cardiaque du patient le long de l'artère mammaire bloquée.

En Amérique du Nord et en Europe occidentale, de nombreux chirurgiens ont réussi ces greffes de l'artère mammaire interne dans la paroi du ventricule gauche. Cependant, beaucoup d'entre eux en ont immédiatement modifié la technique et ces opérations modifiées n'ont pas donné les résultats qu'ils escomptaient. Ils les ont donc délaissées au profit du pontage coronaire qui est une technique plus récente. Ces chirurgiens qui n'ont pas suivi fidèlement la technique que j'ai mise au point n'ont pas réussi à garder ouvertes longtemps les artères mammaires internes qu'ils greffaient; et cela pour de nombreuses raisons: ils n'ont pas été voir les chirurgiens qui réussissent leurs greffes; ils n'ont pas pris le temps d'apprendre la technique comme il faut - Et ce sont ceux-là qui prétendent que le taux de mortalité en période opératoire est trop élevé, que les complications sont trop nombreuses et le résultat final médiocre!

Les examens préopératoires

Quel que soit le type de chirurgie de revascularisation, la mortalité en période opératoire dépend de nombreux facteurs. Pour mettre le maximum de chances de son côté, le chirurgien doit passer son patient au crible et détecter toute maladie non cardiaque qui pourrait influencer son état pendant ou après l'opération. Dans mon service, les patients passent toute une série d'examens très détaillés. Je porte une attention particulière aux sources d'infection chronique: les sinus, les dents, l'appareil génito-urinaire, etc. Si on le néglige, un simple abcès aux dents provoque parfois une crise cardiaque au moment de l'anesthésie. Je fais également passer à mes malades certains tests pour détecter l'emphyzème, surtout chez ceux qui ont la poitrine large et ronde. De bons poumons sont indispensables pour se rétablir de n'importe quelle intervention chirurgicale sur le coeur. Je m'attarde à vérifier s'ils ne souffrent pas du foie, au cas où se développerait une douleur angineuse après l'opération. Dans certains cas, un simple ulcère gastroduodénal provoque une hémorragie. Le risque est sérieux, aussi bien pendant qu'après l'intervention chirurgicale, à moins de pouvoir y remédier. Les allergies à certains médicaments amènent également des complications: chute sérieuse de la pression artérielle, par exemple, pendant et après l'opération. Pendant de nombreuses années, j'ai donné à mes malades des anticoagulants avant de les opérer. Ces médicaments retardent ou empêchent la coagulation sanguine. Je les prescris pendant et après l'intervention chirurgicale pour éviter que le sang ne se coagule dans les artères coronaires malades. Cette coagulation provoque en effet l'infarctus du myocarde et entraîne parfois la mort du malade.

Enfin, certaines complications sont dues à la ciné-coronaro-artériographie elle-même. Il faudrait attendre, pour opérer quelqu'un qui vient de subir cet examen, au moins 10 à 15 jours après le cathétérisme. Sinon, le malade s'expose à des complications pendant l'opération et même après.

Je n'ai voulu donner ici que quelques exemples de maladies qui risquent d'influencer le succès des opérations de revascularisation.

En 1950, je demandais à feu le docteur Lyman Duff, professeur de pathologie à l'université McGill, quels malades je pouvais opérer. "Arthur, me répondit-il, je puis seulement vous dire lesquels *ne pas* opérer!... Il faut attendre au moins 6 mois avant d'opérer quelqu'un qui vient de faire une crise cardiaque".

— Et pourquoi donc?

— Après un infarctus, le coeur se cicatrise. Nulle part dans l'organisme, aucune cicatrice ne se ferme tout à fait avant 6 mois, me répondit le docteur Duff.

Il me fit remarquer qu'une blessure à l'oeil chez un boxeur tend à se rouvrir s'il remonte sur le ring trop vite. L'intervention chirurgicale stresse le coeur. Une cicatrice au coeur trop récente risque donc elle aussi de se rouvrir au moment de l'opération, avec comme effet possible une crise cardiaque ou l'aggravation notoire de l'infarctus.

Ces 24 dernières années, j'ai toujours retardé de 6 mois toute intervention chirurgicale sur ceux de mes malades qui venaient de faire un infarctus grave. Et, selon moi, cette mesure de prudence a contribué à maintenir mon pourcentage de mortalité opératoire à un niveau extrêmement bas.

Beaucoup de médecins m'ont régulièrement critiqué pour cela, et surtout ceux que le pontage coronaire avait enthousiasmé. De nombreux chirurgiens ont effectivement pratiqué le pontage sur des malades qui venaient de faire un infarctus. Le docteur Denton Cooley, de l'Institut du coeur à Houston au Texas, a récemment confirmé l'opinion émise jadis par le docteur Duff. Selon le docteur Cooley, 14,5 pour cent des malades qui ont eu un pontage coronaire 2 mois ou moins après leur infarctus sont morts en phase opératoire.

Ceux des chirurgiens qui pratiquent la greffe de l'artère mammaire interne et qui négligent cette donnée fondamentale connaissent un taux de mortalité opératoire de 2 pour cent plus élevé que les autres, juste à cause des complications dues à l'infarctus du myocarde.

Le docteur Duff avait, à l'époque, également souligné le danger de la greffe d'artères mammaires internes dans les cas de diabète avancé: "L'athérosclérose n'épargne pas les artérioles myocardiques de ces malades. Les nouvelles ramifications de l'artère mammaire interne vont rejoindre des artérioles myocardiques abîmées et s'y souder. L'opération est donc aussi inutile que si le chirurgien greffait l'artère mammaire interne directement à l'artère coronaire obstruée".

Le coeur de patients qui souffrent gravement d'hypertension,

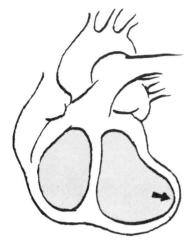 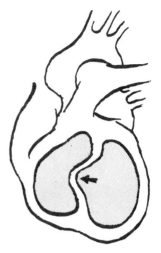

Fig. 25: Anévrisme de la paroi
interventriculaire
(ventricule gauche)

Fig. 26: Anévrisme de la paroi
externe (ventricule
gauche)

comme celui des diabétiques, présente des lésions vasculaires disséminées. L'athérosclérose attaque aussi leurs artérioles myocardiques. Dans ce cas également, les artères mammaires internes saines se soudent quand elles se ramifient à des artérioles myocardiques malades.

Je ne veux pas entrer ici dans une description détaillée de ma façon de préparer l'artère mammaire interne avant de la greffer dans le coeur. Je ferai juste état de quelques modifications qu'ont apportées d'autres chirurgiens à ma manière de procéder. Certains se servent d'agrafes et de pinces d'argent, par exemple, pour détacher l'artère du sternum. Ils endommagent ainsi l'artère. Quant à moi, je ferme les branches latérales de l'artère mammaire interne avec un fil de soie très fin, aussi mince qu'un fil d'araignée. J'écarte doucement l'artère du sternum sans me servir ni d'un ciseau, ni d'un cautère. Je sépare soigneusement l'artère mammaire de la veine, des muscles et des tendons qui l'entourent. Ainsi, plus tard, quand elle commence à se ramifier dans le tunnel ménagé dans le coeur, aucun tissu inutile n'interfère avec ses nouvelles ramifications. Le docteur William H. Sewell, de Sayre, en Pennsylvanie, a modifié cette préparation. Il utilise un cautère pour détacher l'artère, la veine et une partie du muscle de la poitrine avec ses tendons en une sorte de petite masse qu'on appelle *pédicule de Sewell.*

Un des plus éminents chirurgiens de Houston, au Texas, a décidé malheureusement d'élargir l'artère mammaire. Il insère une pince dans son extrémité ouverte pour la tendre. Il abîme ainsi la tunique interne et la paroi de l'artère. Il a pratiqué la greffe de l'artère mammaire interne sur dix-huit patients et, chaque fois, cette artère s'est bouchée.

On sait depuis 1949 qu'il faut greffer l'artère mammaire interne dans une zone d'ischémie myocardique. C'est l'endroit le plus propice. L'artère mammaire interne continue alors de fonctionner pendant très longtemps. Mais si sa présence n'est pas absolument requise et si, par exemple, on la greffe dans un territoire qu'irrigue une artère coronaire saine, l'artère mammaire s'obstrue au bout de quelques années. Les docteurs Donald Effler, de la clinique de Cleveland, Wilfred Bigelow, de l'Hôpital général de Toronto, et beaucoup d'autres chirurgiens qui ont toujours réussi la greffe de l'artère mammaire interne, ont confirmé ce principe et s'y sont toujours scrupuleusement conformés.

Personnellement, avant de percer le tunnel dans le coeur, j'en sonde la paroi pour détecter les zones cicatrisées - qui offrent une certaine résistance - et les régions ischémiques, plus molles. Je m'assure ainsi de bien greffer l'artère dans une partie saine du muscle et non dans une zone cicatrisée, car il ne sert à rien de la greffer là où un précédent infarctus a laissé une cicatrice.

Pour de meilleurs résultats, le chirurgien doit greffer l'artère dans un tunnel assez profond - et long de 2 pouces environ - et non, comme l'ont recommandé certains, dans un tunnel proche de la surface. Il faut pratiquer ce tunnel avec un écarteur non tranchant pour séparer comme il faut les fibres du muscle cardiaque, et non pas avec un scalpel comme le conseille et le pratique le docteur Sewell. Le scalpel coupe les fibres du muscle, avec comme risque possible la crise cardiaque. Une ou deux branches latérales de l'artère greffée doivent rester ouvertes et saigner. Le sang s'écoule ainsi par les sinus myocardiques, et cela contribue à garder l'artère mammaire ouverte jusqu'à ce que ses nouvelles ramifications aient eu le temps de se souder aux artérioles myocardiques. Je ferme toujours l'extrémité de l'artère dans le tunnel, au contraire de ce que recommandait, en 1950, le docteur F. Glenn, de New-York.

Le docteur W. Dudley Johnson, de Milwaukee au Wisconsin, a

également modifié l'opération de Vineberg. Au lieu de greffer l'artère mammaire dans la paroi du coeur, il y greffe 6 branches latérales de cette artère, beaucoup plus petites, en les introduisant dans 6 tunnels séparés et en gardant le tronc principal de l'artère mammaire interne à la surface du coeur.

Je reste persuadé que des modifications de ce genre contribuent à diminuer l'efficacité de la greffe de l'artère mammaire interne et déprécient l'opération aux yeux de plusieurs.

Un espoir pour ceux dont le pontage coronaire se bloque

J'ai, ces dernières années, mis au point une technique pour greffer une ou plusieurs artères dans le coeur de patients dont les pontages coronaires s'étaient bouchés. Je me sers des artères mammaires internes si l'opération de pontage ne les a pas abîmées. Sinon, j'utilise une artère qui approvisionne normalement l'estomac et que j'amène dans la poitrine et greffe dans le coeur.

Cette excellente technique a permis d'améliorer l'état de santé de certains malades, pour lesquels le pontage coronaire n'avait pas été d'un très grand secours.

Il me reste à signaler deux autres déficiences cardiaques provoquées par l'ischémie myocardique, suite à l'athérosclérose des artères coronaires. Dans les deux cas l'intervention chirurgicale s'avère très utile.

Il arrive que le chirurgien repère une boursouflure sur la paroi du muscle cardiaque de certains malades. On s'en souvient: le coeur meurt en partie quand il manque de sang. Le malade fait alors une crise cardiaque, et une partie de son coeur se couvre d'une cicatrice. Si cette cicatrice est grande, elle s'étend parfois graduellement, sous l'effet de la pression qui règne dans la cavité cardiaque, et finit par former une boursouflure qu'on appelle *anévrisme ventriculaire*.

L'intervention chirurgicale, dans un cas d'anévrisme ventriculaire, est relativement simple. Le chirurgien découpe la cicatrice sur une superficie de 2 à 3 pouces et recoud la paroi musculaire. Cette opération améliore grandement le fonctionnement du coeur quand le médecin l'associe à l'une ou l'autre technique de revascularisation.

Certains malades, enfin, ont un infarctus des muscles papillaires qui contrôlent les valvules mitrales et transcuspides du coeur. Ces valvules suintent quand elles sont abîmées. Parfois, il faut les remplacer au moment où le malade se fait opérer, mais le cas se produit rarement.

La transplantation cardiaque

Je devrais peut-être dire un mot de la transplantation cardiaque. Je me souviens de mon enthousiasme la première fois que j'entendis parler des travaux du docteur Christian Barnard. A premier abord, je les considérai comme un prodigieux bond en avant. Par la suite, je me mis à y réfléchir plus sérieusement. Cela me surprenait, par exemple, que les docteurs Norman Shumway, de San Francisco, et Owen Wangensteen, du Centre médical de l'université du Minnesota, n'aient pas donné suite à leurs travaux expérimentaux et ne se soient jamais décidés à faire de transplantation cardiaque sur des êtres humains. Ils ne l'avaient pas fait, non pas à cause de difficultés techniques mais parce que, selon leurs observations, de trop nombreux animaux rejetaient le nouveau coeur qu'on leur transplantait. Le docteur Adrian Kantrowitz, de Brooklyn, à New-York, observa le même phénomène sur la série d'animaux sur lesquels il fit ses expériences.

En fait, il s'agit d'un problème d'allergie. Les allergistes n'ont pas encore réussi, par exemple, à enrayer le rhume des foins, causé par une simple protéine étrangère. Ils ont progressé, certes, mais beaucoup de personnes continuent d'avoir le rhume des foins. Si les immunologistes sont incapables de désensibiliser un être humain à une protéine produite par une plante - ou à n'importe quelle autre sorte de protéine - comment seraient - ils capables d'immuniser celui qui reçoit le coeur d'un autre contre les innombrables protéines complexes qui s'y trouvent?

Je me suis dit également qu'un coeur nouveau placé dans un autre organisme, celui d'un malade, serait exposé aux mêmes facteurs qui avaient amené cette personne à développer l'athérosclérose des artères coronaires. Un coeur jeune placé dans l'organisme d'un homme plus vieux baigne dans le même milieu d'athérosclérose qui a rendu cardiaque le receveur et qui a abîmé ses artères coronaires.

J'ai exprimé ces deux objections à maintes reprises pour expliquer pourquoi je n'étais pas partisan de la transplantation cardiaque. Dès le début, j'ai opté pour la chirurgie de revascularisation et pour les greffes artérielles dans le myocarde avec toutes les opérations complémentaires. Ces opérations permettent de se passer de la transplantation cardiaque. Six ans plus tard, je garde la même opinion, surtout dans le cas de malades atteints d'insuffisance coronarienne - et particulièrement depuis que certains chirurgiens ont ajouté le pontage coronaire aux techniques de revascularisation déjà connues.

L'immunologie a fait de sérieux progrès. Le risque de rejet, même s'il n'est pas encore tout à fait surmonté, a été fortement réduit. Le docteur Shumway, entre autres, a obtenu des résultats très encourageants. Il a réussi des transplantations cardiaques sur des personnes qui souffraient d'insuffisance du muscle ventriculaire - mais non sur des malades atteints d'insuffisance coronarienne ou d'insuffisance des valves cardiaques.

Contrairement aux artères coronaires, les artères mammaires internes ne développent pas d'athérosclérose. Elles demeurent ouvertes et fonctionnent pendant des années, même après que l'athérosclérose ait obstrué les artères coronaires. Les transplantations cardiaques - et je conclurai là-dessus - représentent quand même, pour certains malades soigneusement choisis, un grand espoir, surtout quand tout le reste a échoué.

Quelques recommandations d'ordre général

J'ai essayé, au cours des deux derniers chapitres, de décrire en termes accessibles au grand public les différentes opérations que j'ai pratiquées sur les malades qui en avaient besoin. Je voudrais maintenant faire quelques recommandations d'ordre plus général.

Il faut voir un médecin régulièrement. Je ne puis assez en souligner l'importance. Personne ne doit attendre d'être malade pour passer un examen médical complet et faire vérifier son état de santé.

Si quelqu'un a mal dans la poitrine, que le médecin diagnostique une douleur angineuse et lui recommande d'aller consulter un cardiologue, il doit y aller sans tarder.

Voyez le cardiologue. Suivez le traitement qu'il prescrit pendant au moins un an.

Si, à la fin de l'année, la douleur n'a pas disparu - qu'on ait le souffle court ou non - et si l'on se fatigue pour un rien, il faut se laisser examiner à l'aide d'un ciné-coronaro-angiogramme. Cet examen est essentiel pour déterminer si le malade doit se faire opérer ou non.

Si le cardiologue n'a pas de contact avec un centre hospitalier qui procède à ce genre d'examens, il faut en choisir un autre. Il est très *important* de connaître l'état de ses artères coronaires.

Quand on cherche un cardiologue, il faut tâcher d'en trouver un qui travaille en étroite collaboration avec un chirurgien. Et, bien sûr, il faut que ce cardiologue habite près de chez soi!

Personne ne devrait choisir à la légère son centre hospitalier. Dans un centre spécialisé, les chirurgiens et les cardiologues travaillent ensemble, et il s'y pratique au moins dix interventions chirurgicales sur le coeur par semaine. Il faut choisir un hôpital spécialisé dans les opérations cardiaques. Ils sont nombreux aux Etats-Unis et au Canada. Dans ces centres-là, ceux qui souffrent du coeur sont sûrs d'être bien soignés et de bénéficier de la meilleure chirurgie possible.

CHAPITRE 10

Le coeur et l'hérédité

Un homme a demandé à me voir. Assis en face de moi, de l'autre côté de mon bureau, il est nerveux. Il croise et décroise sans cesse les mains et, sous le coup de l'émotion, a du mal à trouver ses mots. Son frère vient de faire une crise cardiaque. Il a peur d'être le suivant.

—Mon père en est mort et mon grand-père aussi, dit-il. Est-il possible que l'insuffisance cardiaque soit héréditaire, docteur?

Des centaines de malades m'ont déjà posé la question je ne sais combien de fois, tout au long des années.

—Oui, répondis-je, il est possible que l'hérédité joue un certain rôle.

Il ne faut pas prendre le problème à la légère. Beaucoup d'indices tendent à prouver que l'hérédité intervient dans certaines maladies cardiaques. Un jour, quelqu'un a lancé la boutade suivante: "Pour éviter de devenir cardiaque, il faut se choisir de bons ancêtres"!

Même s'il existe souvent une part de vérité derrière l'humour, il est quand même dangereux d'amener quelqu'un à penser que l'hérédité détermine à coup sûr sa santé et son bien-être.

Changer son hérédité? Choisir de nouveaux ancêtres? Impossible! Mais savoir que certaines maladies dans certaines familles se retrouvent plus souvent que d'autres devrait rendre plus prudents les membres de ces familles. Prévenir, c'est guérir!

—Chez nous, tout le monde est gros, se plaignait un jour un de mes malades. Mes parents sont gros, mes grands-parents le sont. Il est donc assez normal que je le sois aussi!

—Non! pas du tout! rétorquai-je. A moins de souffrir de désordres glandulaires - et cela n'arrive pas souvent chez les hommes - il n'y a rien de naturel à être gros. Dans la plupart des cas, on est gros parce qu'on se nourrit mal, parce qu'on mange trop et parce qu'on ne fait pas assez d'exercice.

Les parents ne transmettent pas seulement à leurs enfants un certain nombre de gènes mais leur lèguent aussi un style de vie déterminé. L'enfant apprend presque tout de ses parents. Le mode de vie qui sera le sien se détermine dès l'enfance. Un garçon apprend de son père comment se servir d'outils et une fille, de sa mère, comment cuisiner. Les enfants, quel que soit leur sexe, grandissent en acquérant les habitudes alimentaires en usage au foyer.

La prévention de l'insuffisance coronarienne commence précisément là: au foyer. Nous sommes plus informés que nous l'étions jadis. Certaines de nos croyances commencent à changer. Le public sait mieux quoi faire pour se garder en bonne santé. On sait, par exemple, qu'un enfant a besoin d'une alimentation saine et complète pour grandir mais on est maintenant conscient des dangers de la suralimentation. Un bébé potelé risque de donner un adulte obèse; et la responsabilité en incombe entièrement aux parents.

La prévention dans les familles qui ont une histoire médicale d'insuffisance cardiaque doit commencer quand les enfants sont jeunes. Les parents permissifs sont responsables de nombre de maladies qui frappent leurs enfants quand ils sont adultes. L'alimentation présente de multiples dangers.

Il ne faut pas encourager les enfants à manger tout ce qu'ils voient.

Il faut leur déconseiller de se servir des portions énormes.

Les enfants d'âge préscolaire ne doivent pas se gaver de friandises ou de boissons gazeuses; ni les adolescents, de frites ou de milk-shakes.

Il faut utiliser de la margarine végétale ou de la margarine à base d'huile de maïs et proscrire le beurre.

Dès le début, il faut habituer les enfants au lait écrémé et ne pas garder de lait entier à la maison - il est trop riche en cholestérol.

Il faut préparer des desserts faibles en calories et à faible teneur de cholestérol, remplacer la crème glacée par du lait glacé et, si possible, par du lait écrémé glacé plutôt que par du lait entier glacé.

Par dessus tout, il faut déconseiller fermement aux enfants de fumer.

Les bonnes habitudes alimentaires s'inculquent tôt.

Les bonnes habitudes alimentaires s'acquièrent tôt, comme aussi l'habitude de pratiquer un sport. Le grand public a tendance à croire que les enfants, juste en vaquant à leurs occupations habituelles, se dépensent assez. Dans beaucoup de cas, c'est faux! La mécanisation a éliminé une bonne partie des tâches qu'accomplissaient jadis les enfants. Depuis l'avènement du transport scolaire par autobus, même la marche à pied n'est plus de mise.

A notre époque de motorisation à outrance, dès qu'ils peuvent se faire véhiculer, une multitude de jeunes gens ne marchent plus. Jeunes, ils ont été *conditionnés*. Il faut leur *réapprendre* les vertus de l'exercice physique.

Le rôle des parents reste essentiel pour les préserver de l'obésité et des troubles cardiaques. Ils doivent leur inculquer de saines habitudes alimentaires et leur donner l'envie de faire du sport. Les parents doivent aider leurs enfants à se forger des habitudes de vie exemptes de stress excessif. Se garder physiquement en forme permet d'éviter le stress. Le stress psychologique est également nocif. Il faut donc donner aux enfants une vision saine de la vie et ne pas en faire des névrosés. Il ne faut jamais leur demander de vieillir plus vite qu'ils n'en sont capables.

Les parents doivent expliquer aux enfants que la vie a ses exigences et qu'ils auront à accomplir certaines choses qui ne leur plairont pas toujours. Mais surtout les parents doivent montrer aux enfants qu'il y a moyen pour chacun de surmonter ses problèmes personnels et de les affronter.

Les personnes qui souffrent d'hypertension devraient être particulièrement conscientes du danger que leur état présente pour leurs enfants. L'hypertension a tendance à être héréditaire. Les enfants de ces familles devraient donc faire examiner leur tension artérielle tous les six mois - à coup sûr, tous les ans!

Les enfants de diabétiques sont également très exposés. Le diabète aussi se transmet d'une génération à l'autre. Les parents qui souffrent de diabète doivent faire vérifier régulièrement la quantité de sucre qui se trouve dans le sang de leurs enfants.

La médecine est loin de tout connaître à propos des maladies héréditaires. Mais elle sait, par exemple, que des membres d'une même famille meurent parfois subitement presque tous à cause de l'hypertension, de l'insuffisance coronarienne ou des deux à la fois. L'hypertension est trois fois plus fréquente chez les enfants dont les parents en souffrent. Les enfants d'obèses courent quatre fois plus de risques de le devenir eux-mêmes, et le diabète est huit fois plus fréquent chez les enfants de diabétiques.

L'insuffisance coronarienne a un lien certain avec l'hypertension, l'obésité et le diabète. Il existe des statistiques particulières à l'insuffisance coronarienne, et les chiffres révèlent qu'elle est quatre fois plus fréquente chez les enfants de ses victimes.

Que doit faire la personne qui a une histoire familiale d'insuffisance coronarienne, de diabète, d'obésité ou de toute autre maladie qui contribue à l'insuffisance coronarienne?

Tout d'abord, ne pas oublier que l'hérédité ne joue pas de façon absolue! Les parents cardiaques ne transmettent pas leur maladie systématiquement. Les enfants héritent *parfois* d'une certaine propension à la même maladie, sans plus!

Il faut garder son bon sens et ne jamais se laisser envahir par la peur. Je l'ai répété toute ma vie! Quand on sait comment fonctionne son coeur, il n'y a pas de raison de s'alarmer. C'est d'ailleurs pourquoi j'ai écrit ce livre: pour que chaque membre d'une famille puisse mener une existence plus saine et plus heureuse tout en tenant compte des exigences de son coeur!

ANNEXE A

Les techniques de réanimation

Beaucoup de cardiaques sont morts parce qu'au moment de leur crise, il n'y avait près d'eux personne qui connaissait les techniques de réanimation. C'est triste mais c'est comme cela! Ces techniques sont pourtant à la portée de n'importe qui. Il suffit de lire attentivement ce qui suit ou, mieux encore, de s'inscrire à un cours de la Croix-Rouge canadienne ou américaine. Chacun peut y apprendre les techniques de réanimation cardiaque. Plus encore que d'autres, les proches d'une personne qui souffre du coeur - son épouse mais aussi ses enfants les plus âgés - devraient s'inscrire à de tels cours. Ils auront tout au moins le mérite de rendre la famille consciente qu'un arrêt du coeur est toujours possible. Ils inciteront, en outre, les enfants d'un cardiaque à respecter les mesures préventives essentielles.

Pour réanimer quelqu'un, il faut être très rapide. La réanimation doit commencer moins de 3, 5 à 4 minutes - le plus vite possible - après l'arrêt du coeur. Privé de sang oxygéné, le cerveau meurt très rapidement.

Dès que la crise cardiaque se produit, il faut vérifier le pouls de la victime dans le cou ou sur sa carotide et, si l'on ne sent rien, charger quelqu'un d'appeler la police ou l'ambulance et entamer la réanimation tout de suite.

Pour la réussir, il faut respecter les règles suivantes: 1) agir très vite: 2) coucher le malade sur une surface dure, à terre et sur le dos; 3) ménager un courant d'air; 4) pratiquer la respiration artificielle; 5) commencer le massage cardiaque.

Technique à double volet, la réanimation comprend, d'une part, la respiration artificielle par la méthode du bouche-à-bouche et, d'autre part, le massage cardiaque externe - fait à la main - pour rétablir une circulation sanguine artificielle. Une personne seule, dans certains cas, a réussi à mener de front les deux. Mais il est plus facile d'être deux: le bouche-à-bouche et le massage se pratiquent alors simultanément. S'il est seul, le secouriste doit insuffler rapidement de l'air dans les poumons de la victime selon la méthode que je décris plus loin, ensuite commencer le massage cardiaque manuel.

Techniques de réanimation: le bouche-à-bouche

Il y a six choses à faire pour réussir le bouche-à-bouche.
1. coucher la victime à terre sur le dos;
2. lui fermer les narines d'une main et placer l'autre sous sa nuque;
3. soulever la nuque de la victime en laissant glisser sa tête en arrière jusqu'à ce qu'elle s'immobilise d'elle-même (d'habitude, la bouche s'ouvre en même temps);
4. le secouriste ouvre alors grand la bouche. Il inspire profondément et applique ses lèvres sur celles de la victime pour former une sorte de couloir étanche où l'air va circuler;
5. il souffle très fort de l'air dans la bouche de la victime jusqu'à ce que sa poitrine se gonfle;
6. il recommence à souffler de l'air toutes les cinq secondes.

Phases 1 à 3 de la technique du bouche-à-bouche.

Techniques de réanimation: le massage cardiaque externe

Le coeur occupe la plus grande part de l'espace compris entre la colonne vertébrale et le sternum. C'est ce qui permet de rétablir une circulation sanguine artificielle en pressant de l'extérieur sur la poitrine de la victime. Le sang circule ainsi de nouveau dans l'organisme, réalimente le cerveau et, surtout, le coeur lui-même. L'élasticité naturelle de la cage thoracique la fait revenir vers l'extérieur quand le secouriste arrête sa pression. C'est à ce moment-là que le coeur se remplit de sang de nouveau.

Voici les sept étapes du massage cardiaque externe:

1. Le secouriste couche la victime à terre sur le dos.
2. Il repère l'endroit précis où doit s'exercer la pression. Cet endroit se trouve sur la moitié inférieure du sternum, juste au-dessus de sa partie la plus basse là où il rejoint l'abdomen.
3. Le secouriste se place à gauche de la victime. Il ne l'enfourche pas.
4. Il applique les deux mains l'une par dessus l'autre sur le point de pression.
5. Il exerce une pression ferme et forte. La paume de la main du dessous doit être en contact avec le sternum et perpendiculaire à celui-ci. Il ne faut pas appuyer avec les doigts. La poitrine doit s'enfoncer d'environ 1,5 à 2 pouces.
6. Il faut maintenir la pression pendant une demi-seconde; ensuite, relâcher rapidement.
7. Le secouriste doit recommencer toutes les secondes ou même plus vite. Le massage n'est pas efficace à moins de 60 pressions à la minute.

Phases 4 à 6 de la technique du bouche-à-bouche.

Techniques de réanimation: un seul secouriste peut procéder à la respiration artificielle et au massage cardiaque

Une personne seule peut - même si c'est plus difficile - procéder à la fois à la respiration artificielle et au massage cardiaque. Quand le secouriste s'est rendu compte qu'il s'agit bien d'une crise cardiaque, il doit immédiatement donner de l'air aux poumons de la victime, très vite, de trois à cinq fois par la méthode du bouche-à-bouche. Ensuite, il doit changer rapidement de position et entreprendre le massage cardiaque. Le secouriste recommence ses pressions 15 fois au rythme d'une pression par seconde. Il revient alors à sa position initiale et insuffle à nouveau deux fois de l'air dans les poumons de la victime, puis recommence la pression 15 fois; et ainsi de suite, en alternant respiration et pression selon le même rythme jusqu'à ce que quelqu'un d'autre puisse prendre la relève, soit du massage, soit de la respiration artificielle. Ce rapport de quinze à deux semble mettre l'accent surtout sur la circulation mais il s'est avéré efficace pour rétablir à la fois la respiration et la circulation sanguine des victimes de crise cardiaque.

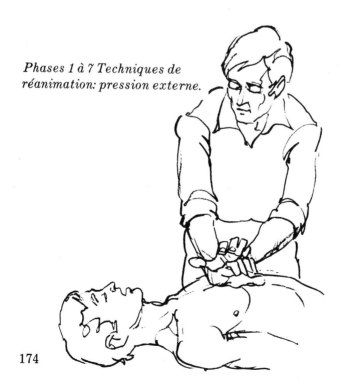

Phases 1 à 7 Techniques de réanimation: pression externe.

Techniques de réanimation: deux secouristes procèdent à la respiration artificielle et au massage cardiaque

L'un des deux secouristes entame immédiatement la respiration artificielle de 3 à 5 fois par la méthode du bouche-à-bouche. Le second commence le massage en pressant le sternum de 60 à 80 fois par minute. Le premier secouriste poursuit le bouche-à-bouche au rythme de douze expirations par minute. Les deux secouristes continuent jusqu'au moment où la victime recommence à respirer normalement et où les battements du coeur redeviennent réguliers.

1. les pupilles de la victime - dilatées au moment de la crise - se contractent;
2. son teint revient à une couleur normale;
3. on sent son pouls battre à chaque pression artificielle;
4. sa respiration reprend normalement;
5. son pouls revient à la normale.

Attention: il ne faut pas entreprendre la réanimation cardiaque sans en connaître la technique et sans quelque entraînement pratique préalable. L'erreur la plus courante consiste à exercer la pression sur le haut de l'abdomen et non sur le bas du sternum. Cette erreur risque de faire remonter la nourriture et les liquides stomacaux dans la bouche et les poumons de la victime, et donc de l'étouffler avec le contenu de son propre estomac.

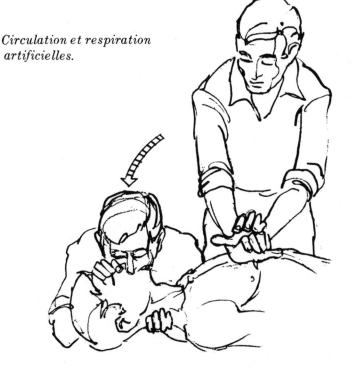

Circulation et respiration artificielles.

175

ANNEXE B

TABLES DE LA TENEUR EN CHOLESTÉROL ET EN CALORIES DES ALIMENTS

Généralités:

Les aliments sont classés en ordre alphabétique par catégorie. Le nombre de calories et la teneur en cholestérol sont indiqués en regard de chacun (à la fois pour des portions normales et par quantité de 100 grammes, de façon à rendre plus clair la quantité relative de calories et la teneur relative en cholestérol de chaque aliment).

Voici comment vous servir de ces tables:

1. Voyez votre médecin et montrez-les-lui.
2. L'absorption totale de cholestérol ne devrait pas dépasser 280 à 300 milligrammes (mg) par jour.
3. Pour ce qui est du nombre de calories, tenez-vous-en au tableau ci-dessous.

Age (en années)	Homme*	Femme
6 — 9	2 000	2 000
9 — 12	2 400	2 200
12 — 15	2 700	2 300
15 — 18	3 000	2 300
18 — 35	2 800	2 100
35 — 55	2 600	1 900
55 — 75 (et +)	2 400	1 700

*Ces quantités ont été établies en fonction d'une taille et d'un poids moyen de 5 pieds 4 pouces et 128 livres pour la femme, et de 5 pieds 9 pouces et 154 livres pour l'homme.

4. Complétez votre régime alimentaire par un programme réaliste d'exercices physiques.

Suivez ces règles générales et vous serez assuré d'un régime alimentaire sain et équilibré. Si un jour, vous dépassez la quantité permise de cholestérol, tâchez, les jours suivants, de la réduire, de façon à maintenir une moyenne hebdomadaire qui ne dépasse pas la quantité maximum de 300 milligrammes de cholestérol par jour.

ANNEXE B

TABLES DE LA TENEUR EN CHOLESTÉROL ET EN CALORIES DES ALIMENTS

Description des aliments	Portions courantes Unité et/ou poids	Cholestérol-Calories (par portion)		Cholestérol-Calories (par 100 mg.)	
		Cholestérol mg.	Calories approx.	Cholestérol mg.	Calories approx.
BOISSONS					
Bière	12 onces (360 gm)	0	150	0	41
Boissons à faible teneur en calories.	10 onces (305 gm)	0	0-10	0	0-3
Boissons au chocolat					
• lait aromatisé avec 2 p.c. de matière grasse	1 tasse (250 gm)	20	190	8	76
• lait chocolaté	1 tasse (250 gm)	32	212	13	85
• chocolat chaud fait à la maison	1 tasse (250 gm)	31	238	12	95
• cacao, fait à la maison avec du lait entier.	1 tasse (250 gm)	35	243	14	97
Boissons gazéifiées - sucrées					
• eau gazeuse (tonic)	10 onces (305 gm)	0-	95	0	31
• ginger ale	10 onces (305 gm)	0	95	0	31
• cola	10 onces (305 gm)	0	120	0	39
Bouillon de cubes de boeuf	1 cube (4 gm)	0	5	0	63
Eau minérale non sucrée (soda).	10 onces (305 gm)	0	0	0	0
Lait (voir produits laitiers)					

TABLES DE LA TENEUR EN CHOLESTÉROL ET EN CALORIES DES ALIMENTS – Suite

Spiritueux - Gin, Rhum, Vodka, Whisky	1½ onces liq. (42 gm)	0	105	0	250
Vins					
Vins de dessert	3½ onces liq. (100 gm)	0	137	0	137
Vins de tables secs					
Rouges ou blancs	3½ onces liq. (100 gm)	0	85	0	85

LEGUMES*

Chow Mein - poulet					
• avec des nouilles, en boîte	1 tasse (250 gm)	7	95	3	38
• avec des nouilles, préparé à la maison	1 tasse (250 gm)	77	255	31	102
Fèves Soja					
• avec viande, en boîte	3 onces (85 gm)	10	53	12	62
• avec viande, préparées à la maison	1 tasse (250 gm)	64	300	26	120
Poivron - farci au boeuf et à la mie de pain	poivron d'à peu près 2¾ pouces de long et 2½ pouces de diamètre avec 185 gm de farce.	56	315	30	170
Pommes de terre					
• gratinées (avec fromage et lait)	1 tasse (250 gm)	36	355	15	145
• en salade (faite à la maison)	1 tasse (250 gm)	162	363	65	145

• dans une préparation avec mayonnaise, oeufs cuits durs et lait.	1 tasse (245 gm)	14	255	6	104

* Aucun légume ne contient de cholestérol, à moins d'être mélangé à d'autres ingrédients. Le nombre de calories varie énormément.

*MATIERES GRASSES**

Huiles:					
Huiles saturées					
• Huile de noix de coco	1 cuil. à soupe (14 gm)	0	125	0	893
Huiles (monoglycérides non saturés)					
• Huile d'arachide	1 cuil. à soupe (14 gm)	0	125	0	893
• Huile d'olive	1 cuil. à soupe (14 gm)	0	125	0	893
Huiles (polyglycérides non saturés)					
• Huile de maïs	1 cuil. à soupe (14 gm)	0	125	0	893
• Huile de safran	1 cuil. à soupe (14 gm)	0	125	0	893
• Huile de soja	1 cuil. à soupe (14 gm)	0	125	0	893
• Huile de tournesol	1 cuil. à soupe (14 gm)	0	125	0	893
Margarine					
• à base d'huile végétale pure	1 cuil. à soupe ou bâton de 14 gm.	0	100	0	714

• composée de ⅔ de graisse animale et ⅓ d'huile végétale	1 cuil. à soupe ou en bâtons de 14 gm.	7	100	50	714
Saindoux	1 tasse (205 gm)	195	1849	95	902

*Matières grasses: Selon l'Association cardiaque américaine, 35 pour cent de l'absorption quotidienne totale de calories devrait provenir de matières grasses, réparties comme suit: 10 pour cent d'acides gras saturés, 10 pour cent de polyglycérides non saturés et 15 pour cent de monoglycérides non saturés - Voyez sous la rubrique Huile et matières grasses du lexique.

OEUFS

• Soufflé au fromage, fait à la maison	Portion: ¼ de soufflé de 7 po. de diam. (110 gm)	184	240	167	218
• oeufs de poule- crus ou cuits (sans rien ajouter-perte: 11 p.c. (coquille)	Gros oeuf (50 gm)	252	82	504	163
• oeufs brouillés ou omelette avec lait et graisse	omelette à un oeuf (gros) (64 gm)	263	111	411	173
• succédanés d'oeufs	¼ de tasse (60 gm)	2	90	3	150
• jaunes d'oeuf - crus ou cuits (sans rien ajouter)	jaune d'un gros oeuf (179 gm)	252	623	148	348

PAIN

Blanc, enrichi	1 tranche (30 gm)	négligeable	82	négligeable	273
Pain de blé entier (60%)	1 tranche (30 gm)	négligeable	72	négligeable	240
Pain de maïs • fait à la maison avec de la farine de maïs dégermée.	1 morceau approx. 2½ x 2½ x 1⅝ de pouce (83 gm)	58	172	70	224
• préparé à partir d'un mélange à base d'oeufs et de lait.	muffin, dimension approx. 2⅜ de diam. (40 gm)	28	93	69	233
	1 morceau approx. 2½ x 2½ x 1⅝ de pouce (55 gm)	38	128	69	233
Muffins • nature, fait à la maison	muffin, dimension approx. 3 pouces de diamètre (40 gm)	21	118	53	294

PÂTES ALIMENTAIRES

Macaroni au fromage préparé à la maison	1 tasse (200 gm)	42	430	21	215
Nouilles • pâte aux oeufs (avant cuisson)	en boîte de 8 onces (227 gm)	213	883	94	389
• pâte aux oeufs (après cuisson)	1 tasse (160 gm)	50	200	31	125
• nouilles chow mein (en boîte)	1 tasse (45 gm)	5	220	12	489

TABLES DE LA TENEUR EN CHOLESTÉROL ET EN CALORIES DES ALIMENTS — Suite

Spaghetti sauce tomate avec boulettes de viande (en boîte)	1 tasse (250 gm)	39	258	9	103
Spaghetti sauce tomate avec boulettes de viande (préparé à la maison)	1 tasse (248 gm)	75	332	30	134

PÂTISSERIES

Biscuits:					
• bruns aux noix (préparé à la maison).	1 biscuit, dimension app. 1¾ x 1¾ x ⅞ pouce (20 gm)	17	97	83	485
• doigts de dame	4 biscuits, dimension app. 3¼ x 1⅜ x 1⅛ de pouce (44 gm)	157	158	356	360
Crêpes:					
• cuites avec une pâte à base d'oeufs et de lait	½ pouce d'épaisseur (quantité de pâte équivalent à 7 cuillerées) (73 gm)	54	164	74	225
Gâteaux:					
• gâteau des anges, préparé à l'eau, avec des parfums, cuit à partir d'un mélange à gâteau	morceau (½ d'un gâteau de 10 pouces de diamètre) (53 gm)	0	137	0	258
• gâteau au chocolat ("devil's food") à 2 étages, préparé avec de l'eau, des oeufs, glaçage au chocolat, cuit à	petit gâteau rond de 2½ pouces de diamètre. (36 gm)	17	122	47	339

Aliment	Portion				
partir d'un mélange à gâteau	portion de 1/16 d'un gâteau de 9 pouces de diamètre (69 gm)	33	234	48	339
gâteau au chocolat ("devil's food") à 2 étages, avec glaçage, pâte cuisinée à la maison.	portion de 1/16 d'un gâteau de 9" de dia. (75 gm)	32	277	43	369
gâteau foncé aux fruits, fait à la maison	tranche de 1/30 d'un gâteau de 8 pouces (15 gm)	7	57	45	338
pain d'épice, fait à l'eau, avec un mélange.	morceau de 1/9 d'un pain d'épice de 8 pouce (63 gm)	négligeable	174	1	276
gâteaux "popovers", préparés à la maison	1 gâteau, dimension app. 2¾ pouces de diamètre (quantité de pâte équivalant à ¼ de tasse) (40 gm)	59	90	147	224
gâteau éponge, fait à la maison	morceau de 1/12 d'un gâteau de 10 pouces de dia. (66 gm)	162	196	246	297
gâteau blanc à 2 étages, avec blancs d'oeufs, glaçage au chocolat, cuit à partir d'un mélange à gâteau	morceau de 1/16 d'un gâteau de 9" de diamètre. (71 gm)	1	249	2	351
gâteau à la vanille, 2 étages, préparé avec des oeufs, de l'eau, un glaçage au chocolat, cuit à partir d'un mélange à gâteau	morceau de 1/16 d'un gâteau de 9" de diamètre (75 gm)	36	253	48	337

TABLES DE LA TENEUR EN CHOLESTÉROL ET EN CALORIES DES ALIMENTS – Suite

• gâteau à la vanille à 2 étages avec glaçage au chocolat fait à la maison	morceau de 1/16 d'un gâteau de 9" de diamètre. (75 gm)	33	274	44	365
Choux à la crème, fourrés au flan	1 chou, dimension app. 3½ pouces de diamètre, 2 pouces de hauteur (130 gm)	188	303	144	233
Gauffres préparées à partir d'un mélange à base d'oeufs et de lait.	1 gauffre, dimension app. 9 x 9 x ⅝ pouce (quantité de pâte équivalant à 1⅛ cuillerée) (200 gm)	119	505	60	275
Tartes:					
• tarte au flan	portion de ⅛ d'une tarte de 9" de diam. (114 gm)	120	249	105	218
• meringue au citron	portion de ⅛ d'une tarte de 9" de diam. (105 gm)	98	268	93	255
• tarte chiffon au citron	portion de ⅛ d'une tarte de 9" de diam. (81 gm)	137	254	169	314
• tarte à la citrouille	portion de ⅛ d'une tarte de 9" de diam. (232 gm)	70	490	61	211

POISSONS ET FRUITS DE MER

Aiglefin					
• chair seulement, bouilli	poids net: 3 onces (85 gm)	51	140	60	164
Caviar					

d'esturgeon	1 cuillère à table (16 gm)	48	42	300	263
Crabe					
crabe impérial, toutes sortes	1 tasse (220 gm)	308	323	140	147
chair seulement, en boîte, toutes sortes.	1 tasse (160 gm)	161	162	101	101
cuit avec la carapace (perte: carapace 52 p.c.) chair seulement	1 tasse (125 gm)	125	116	100	93
Crevettes					
en boîte (sans le jus)	1 tasse de 22 grosses ou de 76 petites (approx.) (128 gm)	192	147	150	115
Flétan (chair seulement, bouilli ou rôti à la graisse végétale).	filet de 6½ po. de long. sur 2½ po. de large et ⅝ d'épaisseur (125 gm)	75	214	60	171
Hareng en boîte, nature, avec le jus	boîte, format 300 x 407 n° 300, poids net 15 onces (426 g.)	412	884	97	208
Homard					
chair seulement, cuit	1 tasse de morceaux de ½ pouce (145 gm)	123	137	85	95
à la Newburg	1 tasse (250 gm)	456	485	182	194
Huîtres					
en boîte (avec jus)	3 onces (85 gm)	38	65	45	76

Aliment	Mesure				
crues, chair seulement huîtres du Pacifique et de la côte Est.	1 mesure (13-19) huîtres de l'Atlantique (moyenne) 19 à 31 petites huîtres de l'Atlantique, 4 à 6 huîtres du Pacifique (moyenne) ou 6 à 9 huîtres du Pacifique (petites). (240 gm)	120	158	50	66
Huîtres fraîches (Atlantique) taille moyenne (perte: jus et coquille: 90 p.c.)	12 huîtres (4 livres donnant environ 6⅓ onces de viande) (180 gm)	90	119	50	66
Ragoût d'huîtres (préparé à la maison, une part d'huîtres pour trois parts de lait entier.)	1 tasse (240 grammes)	57	206	24	86
Ragoût d'huîtres (préparé à la maison, une part d'huîtres pour deux parts de lait entier)	1 tasse (240 gm)	63	233	26	97
Maquereau					
• cuit, chair seulement, rôti à la graisse végétale	filet, approx. 8½" de long, 2½" de large et ½" d'épaisseur. (105 gm)	106	247	101	236
• en boîte, chair seulement avec le jus	Boîte format 300 x 407 (n° 300) poids net: 15 onces. (425 gm)	399	765	94	180

Aliment	Mesure				
Morue					
• sèche, salée	1 morceau de 5½ po. de long sur 1½ po. de large et ½ po. d'épaisseur environ (80 gm)	66	104	82	130
Palourdes					
• en boîte, égouttées	½ tasse (80 gm)	50	78	63	98
• fraîches (perte: coquille et jus: 83 p.c.)	1 douzaine de palourdes 5 livres ⅔ onces donnent approx. 13.7 onces de chair crue. (389 gm)	194	190	50	90
• chair seulement	1 tasse (227 gm)	114	90	50	80
• chair (perte: jus et coquille: 65 p.c.)	1 douzaine de grosses palourdes (14,4 onces donnent approx. 5 onces de chair crue. (143 gm)	72	117	50	82
• beignets	1 beignet (2 pouces de diamètre sur 1¼ po. d'épaisseur. (40 gm)	51	124	129	311
Pétoncles					
• attaches seulement	3 onces (85 gm)	45	95	53	112
Sardines					
• en boîte, à l'huile	boîte format 405 x 301 x 014 (n° ¼) poids net 3¾ onces (106 gm)	127	207	120	196
• égouttées	boîte (n° ¼) poids net 3¼ onces (92 gm)	129	185	140	203

TABLES DE LA TENEUR EN CHOLESTÉROL ET EN CALORIES DES ALIMENTS – Suite

Saumon

• oeufs de saumon, crus (avec le jus)	1 once (28 gm)	101	58	360	207
• saumon rouge, en boîte (avec le jus)	format de la boîte 301 x 411; poids net 16 onces (454 gm)	159	531	35	171
• steak de saumon, cuit à la graisse végétale (perte: arête: 12 p.c.)	morceau d'environ 6¾″ de long, 2½ large et 1″ épaisseur (145 gm)	59	263	47	182

Thon

• en boîte, à l'huile (avec le jus)	boîte format 307 x 113 (n° ½) miettes de thon, poids net: 6½ onces, (184 gm)	100	394	55	288
• en boîte, à l'eau (avec le jus)	boîte format 307 x 113 (n° ½) miettes de thon, poids net 6½ onces, (184 gm)	116	234	63	127
• chair seulement	boîte (n° ½) miettes de thon poids (sans le jus) 5½ onces (157 gm)	102	309	65	197

PRÉPARATIONS À SALADES

• faites à la maison	1 tasse (255 gm)	190	418	74	164
	1 cuillerée (16 gm)	12	26	74	164
• Mayonnaise (en commerce)	1 tasse (220 gm)	154	1580	70	718
	1 cuillerée (14 gm)	10	101	70	718

	1 tasse (235 gm) 1 cuillerée (15 gm)	118 8	1018 65	50 50	733 733
• Mayonnaise (type commercial)					

PRODUITS LAITIERS

Beurre					
• nature (4 bâtons par livre)	1 cuillerée à table ou ⅛ de bâton (14 gm)	35	100	250	714
• nature (4 bâtons par livre)	½ tasse ou un bâton (113 gm)	282	810	250	717
• beurre fouetté (6 bâtons ou 2 paquets de 8 onces par livre)	1 cuillerée à table ou ⅛ de bâton (9 gm) ½ tasse ou un bâton (76 gm)	22 190	65 540	250 250	722 710
Crèmes					
• crème à fouetter (non fouettée: 30 p.c. de matières grasses.)	1 cuillerée à table (15 gm)	20	53	133	352
• crème (mi-lait mi-crème)	1 cuillerée à table (15 gm)	6	20	42	133
• crème légère, crème à café, crème de table. (18 p.c. matières grasses.)	1 cuillerée à table (15 gm)	10	32	66	213
• crème sûre (10-18 p.c. de matières grasses)	1 cuillerée à table (12 gm)	8	23	66	192
Crème glacée					
• crème glacée à la française	1 tasse (133 gm)	97	323	73	243
• enrichie (16 p.c. de matières grasses)	1 tasse (148 gm)	85	329	57	222

TABLES DE LA TENEUR EN CHOLESTÉROL ET EN CALORIES DES ALIMENTS — Suite

		53	257	40	193
• nature (10 p.c. approx. de matière grasses)	1 tasse (133 gm)				
Fromages					
• camembert	1 once (28 gm)	26	84	92	300
	1 pointe, dimension approx. 2¼ x 2½ x 2½ p., 1⅛ p. de hauteur, poids net 1⅓ once (38 gm)	35	114	92	300
• Cheddar doux ou fort	1 tasse (fromage râpé) (113 gm)	112	449	99	398
• Colby	1 once (28 gm)	28	111	99	398
• Cottage en crème (1 p.c. de matières grasses)	1 once (28 gm)	27	111	96	398
	1 paquet (267 gm)	23	183	9	68
• Cottage en crème (4 p.c. de matières grasses)	1 paquet (245 gm)	48	260	19	106
• Cottage nature	1 paquet (200 gm)	13	172	7	86
• Fromage en crème	1 cuillère à table (14 gm)	16	52	114	371
	1 paquet, dimension approx. 2⅞ x 2 x ⅞ de pouce, poids net: 3 onces (85 gm)	94	317	110	373
• Edam	1 once (28 gm)	29	87	102	311
• Limburger	1 once (28 gm)	28	97	98	345
• Mozarrelle	1 once (28 gm)	27	96	97	344

	Portion				
Mozarrelle, partiellement écrémé, bas degré d'humidité	1 once (28 gm)	18	78	66	278
Munster	1 once (28 gm)	25	105	91	375
Bleu nature	1 once (28 gm)	24	103	87	368
	non empaqueté (135 gm)	24	103	87	368
Fromage Brick nature	1 once (28 gm)	25	104	90	370
Neufchâtel	1 boîte, dimension approx. 2⅞ x 2 x ⅞ de pouce, poids net 3 onces (85 gm)	64	277	76	326
Fromage américain fondu pasteurisé	1 tranche, dimension ap. 3½ x 3⅜ x ⅛ pouce, poids net 1 once (28 gm)	25	104	90	370
Fromage américain fondu pasteurisé (à tartiner)	1 cuillerée à table (14 gm)	9	41	64	288
	1 tranche dim. approx. 2¾ x 2¼ x ¼ pouce poids net 1 once (28 gm)	18	81	64	289
Parmesan	en paquet, émietté (113 gm) 1 once (28 gm)	73	327	64	289
Provolone	1 once (28 gm)	27	110	95	393
Ricotta	1 once (28 gm)	28	98	101	349
Ricotta (partiellement écrémé)	1 once (28 gm)	14	46	51	166
	1 once (28 gm)	9	36	32	130
Fromage suisse-américain	1 tranche, dim. approx. 3½ x 3⅜ x ⅛ de pouce, poids net: 1 once (28 gm)	26	99	93	355

TABLES DE LA TENEUR EN CHOLESTÉROL ET EN CALORIES DES ALIMENTS — Suite

• Fromage suisse	1 tranche rectangulaire de 7½ x 7¾ x 4 x 1/16; poids: 1¼ once (35 gm)	35	130	100	371
• Fondue au fromage	1 tasse (232 gm)	71	415	31	179
Lait					
• lait de beurre, liquide, avec culture bactérienne, à base de lait liquide sans matières grasses.	1 tasse (245 gm)	5	88	0	36
• lait concentré, sucré	1 tasse (206 gm)	105	982	34	321
• lait entier en poudre, instantané.	1¾ tasse (120 gm)	131	602	109	509
• lait évaporé non sucré	1 tasse (252 gm)	79	345	31	137
• lait en poudre, instantané sans mat. grasses	1⅓ tasse (91 gm)	20	327	22	359
• lait écrémé (sans mat. grasses)	1 tasse (245 gm)	5	88	2	36
• lait entier (3,5 p.c. mat. g.)	1 tasse (244 gm)	34	161	14	66
• mélange de lait (1 p.c. de mat. grasses avec 1 à 2 p.c. de lait sans matières grasses).	1 tasse (246 gm)	14	103	6	41
• mélange de lait (2 p.c. de mat. grasses avec 1 à 2 p.c. de lait sans matières grasses).	1 tasse (246 gm)	22	145	9	58

• lait glacé					
• servi liquide	1 tasse (175 gm)	36	265	20	151
• servi congelé	1 tasse (131 gm)	26	200	20	152
Yaourt- à base de lait et de lait en poudre sans mat. grasses.					
• aromatisé aux fruits (toutes saveurs)	1 boîte; poids net: 8 on. (227 gm)	15	245	7	106
• nature	1 boîte; poids net: 8 on. (227 gm)	17	125	8	55
• à la vanille	1 boîte; poids net: 8 onces (227 gm)	17	195	8	86

PUDDINGS

Pudding au pain (avec raisins)	1 tasse (265 gm)	170	504	64	190
Pudding au chocolat, préparé à partir d'un mélange	1 tasse (260 gm)	30	322	12	124
Flan	1 tasse (265 gm)	278	305	105	115
Pudding au riz (avec raisins)	1 tasse (265 gm)	29	387	11	146
Pudding au tapioca	1 tasse (165 gm)	159	221	97	134
Pudding vanillé (blanc manger) fait à la maison	1 tasse (255 gm)	35	283	14	111

SAUCES

Sauce au fromage	1 tasse (250 gm)	44	433	18	173
Sauce tartare (nature)	1 tasse 230 gm)	118	1221	51	531

TABLES DE LA TENEUR EN CHOLESTÉROL ET EN CALORIES DES ALIMENTS — Suite

Sauce tartare (nature)	1 cuillerée (14 gm)	7	74	51	531
Sauce blanche épaisse	1 tasse (250 gm)	30	495	12	198
Sauce blanche moyenne	1 tasse (250 gm)	33	404	13	162
Sauce blanche claire	1 tasse (250 gm)	36	306	14	122

VIANDES

Agneau (coupes diverses)					
• cuit, sans os	2 morceaux, environ 4 1/8 po. de long, 2 1/4 po. de large, 1/4 po. d'épaisseur: poids 3 onces. (85 gms)	83	235	98	276
• cuit, partie maigre seulement, sans gras.	2 morceaux, environ 4 1/8 pouces de long, 2 1/4 large, 1/4 épaisseur; poids 3 onces (85 gm)	85	155	100	182
• avec l'os (perte pour l'os: 16 p.c.)	poids 4 onces (112 gm)	79	400	71	357
• sans l'os, maigre seulement	poids 2,6 onces (74 gm)	52	140	71	189
Boeuf (coupes diverses)					
• ragoût de boeuf et légumes (en boîte)	1 tasse (245 gm)	36	194	14	79
• ragoût de boeuf et légumes fait à la maison avec du boeuf maigre.	1 tasse (245 gm)	63	218	26	89
• boeuf émincé	1 tasse (245 gm)	65	377	27	154

• boeuf sans gras et sans os	1 morceau d'environ 4⅛ long, 2¼ large, ½ d'épaisseur ou une portion d'environ 3" de diam. et ⅝" d'épaisseur, poids 3 onces (85 gm)	80	185	94	217
• maigre (une fois le gras enlevé), cuit.	morceau ou portion d'env. 4⅛" de long, 2¼ de large et ½" d'épaisseur ou portion d'environ 3" diam. et ⅝ épaisseur, poids 3 onces (85 gm)	77	189	91	220
• coeur de boeuf (maigre) cuit.	1 tasse de boeuf en morceaux (145 gm)	398	272	274	187
• Tourtière de boeuf, congelée (vendue en commerce) - non cuite.	tourtière (216 gm)	38	415	18	192
• Tourtière de boeuf, cuite, préparée à la maison.	⅓ de tourtière de 9" de diam. (210 gm)	44	519	21	246
Foie					
• de poulet (cuit)	foie d'environ 2" de long sur 2" de large et ⅝" d'épaisseur (25 gm)	187	41	746	165
• de boeuf, de veau, de porc ou d'agneau, (cuit)	tranche d'environ 6½" long 2⅜" large et ⅜" épaisseur; poids 3 onces (85 gm)	372	210	438	248

de dinde (toutes catégories), cuit	1 tasse (en morceaux) (140 gm)	839	246	599	174
Lapin					
d'élevage, viande seulement, cuit en ragoût	1 tasse (140 gm)	127	302	91	216
Porc					
cuit, coupes diverses, maigre, sans gras	2 morceaux d'environ 4⅛" long, 2¼" large et ¼" épais. poids 3 onces (85 gm)	75	209	88	247
sans os, cuit	2 morceaux d'env. 4⅛" long, 2¼" large et ¼" épaisseur; poids: 3 onces (85 gm)	76	310	89	364
Ris de veau					
cuit	3 onces (85 gm)	386	188	466	221
Rognons (toutes sortes)					
de boeuf, de veau, de porc, d'agneau, cuits.	1 tasse de morceaux d'environ ¼" épaisseur (140 gm)	1125	352	804	252
Saucisses					
saucisses de Francfort pure viande, cuites	1 saucisse (56 gm)	34	170	62	304
Veau (coupes diverses)					
cuit, sans os	1 morceau d'environ 2½" long, 2½" large et ¾" épaisseur, poids 3 onces (85 gm)	86	185	101	217

• maigre, sans gras, cuit	1 morceau d'environ 2½" long, 2½" large et ¾" épaisseur, poids 3 onces (85 gm)	84	185	99	217

VOLAILLE

Poulet- toutes catégories					
• poitrine, cuite en entier	chair et peau d'une ½ poitrine (provenant d'un poulet prêt à cuire de 3 livres) (92 gm)	74	151	80	164
• poitrine, chair seulement	viande d'une ½ poitrine (provenant d'un poulet prêt à cuire de 3 livres) (80 gm)	63	163	79	203
• pilon de poulet, cuit en entier	viande et peau d'un pilon (provenant d'un poulet cru prêt à cuire de 3 livres) (52 gm)	47	79	91	151
• pilon de poulet, chair seulement	viande et peau d'un pilon (provenant d'un poulet cru prêt à cuire de 3 lb.) (43 gm)	39	101	91	234
• chair et peau seulement, cuites.	chair et peau d'un poulet cru prêt à cuire de 3 lb. (624 mg)	542	1560	87	250
• Vol-au-vent (fait à la maison)	1 tasse (245 gm)	185	468	76	191
• poulet et nouilles	1 tasse (240 gm)	96	367	40	153
• fricassée (faite à la maison)	1 tasse (240 gm)	96	386	40	161

TABLES DE LA TENEUR EN CHOLESTÉROL ET EN CALORIES DES ALIMENTS – Suite

• pâté au poulet, commercial, congelé, non réchauffé	pâté (227 gm)	29	497	13	219
• pâté fait à la maison cuit au four	⅓ d'un pâté de 9" de diamètre (232 gm)	71	545	31	235
• coeur de poulet cuit (toutes catégories)	1 tasse (145 gm)	335	251	231	173
Dindes - toutes catégories					
• viande brune sans peau, cuite.	4 morceaux d'env. 2½" de long, 1⅛ de large et ¼" d'épaisseur, poids 3 onces (85 gm)	86	172	101	203
• chair, peau et abattis, cuits	chair, peau et abattis d'une dinde, prête à cuire de 13½ livres (3 680 gm)	3864	8390	105	228
• chair et peau seulement cuites	chair et peau d'une dinde prête à cuire de 13½ lb. crue (3 530 gm)	3283	7871	93	223
• viande blanche, sans peau, cuite.	2 morceaux, d'env. 4 po. de long, 2" de large et ¼" d'épaisseur, poids 3 onces. (85 gm)	65	149	77	176
• coeur cuit	1 tasse (145 gm)	345	313	238	216
• pâté à la dinde, commercial, congelé, non réchauffé	pâté, poids net 8 onces (228 gm)	20	447	9	197

• pâté fait à la maison, cuit au four.	⅓ d'un pâté de 9 pouces de diamètre (232 gm)	71	550	31	237
Gésiers					
• de poulet, toutes catégories, cuits	quantité provenant d'une livre crue: approx. 12½ onces (354 gm)	690	524	195	148
• de dinde, toutes catégories, cuits	quantité provenant d'une livre crue: approx 12¾ onces (361 gm)	827	708	229	196

ANNEXE C

TABLEAU DE LA VALEUR DES EXERCICES PHYSIQUES.

Généralités:

Ce tableau a pour objectif d'aider le lecteur à prévenir l'insuffisance coronarienne. Des exercices physiques adéquats réduisent le taux de cholestérol sanguin. De plus, ils aguerrissent le système cardiovasculaire. Ils font travailler l'organisme plus fort pendant certains laps de temps déterminés.

Comment se servir du tableau:

1. Repérez les données correspondant à votre âge et à votre forme physique. Soyez honnête avec vous-même. Si vous hésitez, demandez à votre médecin de vous aider.

2. Décidez quel exercice vous plaît le plus (en fonction de votre état physique). Il faudra le faire régulièrement. Le tableau offre divers choix et une combinaison de deux types d'activité est souvent plus efficace et plus agréable.

3. Prévoyez le moment où vous ferez vos exercices. Si possible, faites-le chaque jour; sinon, trois fois par semaine.

4. Combinez votre programme d'exercice avec un régime alimentaire sain. Rapportez-vous aux tables de teneur en cholestérol et en calories des aliments (voir page 176).

Remarques:

L'exercice physique, qu'il soit modéré, violent ou très violent, accélère le métabolisme. Les 24 heures qui suivent, l'organisme a donc besoin de plus de calories.

Avant de se lancer dans un programme de conditionnement physique, tout homme de plus de quarante ans doit consulter son médecin et s'assurer de l'état de son coeur, de ses poumons et de sa pression artérielle. Il doit également savoir combien il doit perdre de kilos avant de commencer à pratiquer tel ou tel sport. Cela permet parfois d'éviter un désastre!

EXERCICES RECOMMANDÉS POUR CEUX QUI NE SOUFFRENT PAS D'INSUFFISANCE CORONARIENNE – Suite

Genre d'exercice	Valeur de l'exercice pour aguerrir le système cardio-vasculaire	Nombre de calories nécessaires	Âge requis pour effectuer l'exercice (à condition de ne pas souffrir d'insuffisance coronarienne ou pulmonaire)				Remarques
			moins de 25 ans	25-40	40-65	65-75	
Gymnastique suédoise, exercices de mise en forme, yoga	nulle	environ 100 à l'heure	oui	oui	oui	oui	Ces exercices ne surchargent pas le système cardio-vasculaire. Ils sont bons pour la musculature et pour diminuer le stress.
Exercices de musculation ou de contractions musculaires isométriques.	nulle	environ 100 à l'heure	oui	oui	oui	oui	Ces exercices ne surchargent pas le système cardio-vasculaire. Ils sont bons pour la musculature.
Exercices légers handball, tennis et squash (en double),	certaine valeur	170-200 à l'heure	oui	oui	oui	oui	Il faudrait, à n'importe quel âge, commencer par des

EXERCICES RECOMMANDÉS POUR CEUX QUI NE SOUFFRENT PAS D'INSUFFISANCE CORONARIENNE – Suite

marche lente, golf (si le joueur marche), jardinage, vélo.							exercices légers et les pratiquer modérément si on n'a pas fait d'exercice depuis longtemps.
Exercices modérés marche à pied (pas trop rapide) combinée avec jogging (lent), programme de gymnastique 5BX, ski de fond (avec modération), équitation, nage, ski alpin.	grande valeur	300-450 à l'heure	oui	oui	oui	oui	Ceux qui n'ont pas de maladie cardio-vasculaire patente, et qui ne souffrent pas d'obésité, peuvent s'adonner à ce genre d'exercice. De même que les personnes qui ont suivi régulièrement un programme de conditionnement physique.
Exercices violents marche à pied (très rapide) combinée avec jogging lent, handball, tennis et squash (en simple), ski de fond (rapide)	excellent	600-650 à l'heure	oui	oui	non*	non	L'exercice violent met le système cardiovasculaire à contribution. Il y a augmentation de la pression artérielle et pulmonaire (sauf dans le cas de la marche à

pied, même si elle est
rapide.)

pratiqué pendant
longtemps, ski
alpin (en com-
pétition), arts
martiaux (en
compétition)

*Il y a des exceptions, mais l'avis du médecin est requis; il faut également être en plein forme physique.

| Exercices très violents** Alpinisme, aviron, course à pied (longue et soutenue) | Excellent | 600 à l'heure | oui | oui | oui | non | Les muscles squelettiques utilisent un haut pourcentage du débit cardiaque total, aux dépens des reins, de la rate et de l'estomac qui ne reçoivent pas assez de sang oxygéné (à tel point qu'après une course, on retrouve dans l'urine de membres d'une équipe d'aviron des traces d'albumine et de sang.) |

**Ces exercices devraient être évités, à moins d'être en pleine forme physique.

Références (chapitres sur l'alimentation et le conditionnement physique): Geoffrey H. Bourne, Exercise Physiology, Harold B. Falls Academic Press, New-York et Londres, 1968.

Le lexique du coeur

Acides gras Substances chimiques graisseuses formées de la combinaison de quatre molécules. Trois sont des molécules d'acide gras; la quatrième est un alcool, le glycérol. Une molécule de glycérol estérifiée par trois acides gras forme une substance communément appelée triglycéride (*voir* Esters et Triglycérides). Ils diffèrent les uns des autres en fonction des divers types d'acides gras qui les constituent. Tous se composent d'atomes de carbone, d'hydrogène et d'oxygène. Les atomes de carbone constituent la charpente de la molécule. Les différences dépendent du nombre d'atomes de carbone liés entre eux et du nombre de doubles liaisons de ces atomes.

Acides gras - monoglycérides non saturés Acides gras ayant une double liaison de carbone, comme dans le cas de l'acide oléique qui se retrouve dans la plupart des graisses et des huiles.

Acides gras - non saturés Ils contiennent une ou plusieurs doubles liaisons de carbone. On les appelle communément "non saturés".

RÉPARTITION DES DIVERS TYPES D'ACIDES GRAS

Graisse ou huile	polyglycérides non saturés	monoglycérides non saturés	acides gras saturés
Huile de safran	75 p.c.	14 p.c.	10 p.c.
Huile de tournesol	60 p.c.	27 p.c.	11 p.c.
Huile de soja	60 p.c.	25 p.c.	14 p.c.
Huile de maïs	57 p.c.	28 p.c.	14 p.c.
Huile de coton	46 p.c.	25 p.c.	28 p.c.
Beurre d'arachide	28 p.c.	50 p.c.	20 p.c.
Huile d'olive	27 p.c.	50 p.c.	20 p.c.
Huile	14 p.c.	71 p.c.	14 p.c.

d'arachide

Saindoux	33 p.c.	50 p.c.
Huile de noix de coco	7 p.c.	92 p.c.

Remarque: la teneur en polyglycérides non saturés dans la margarine peut varier de 17 p.c. à 59 p.c. Certains acides gras complexes n'ont pas été repris dans le tableau ci-dessus.

Les monoglycérides non saturés n'ont presque pas d'effet sur les taux de cholestérol dans le sang. Au contraire des acides gras saturés, les polyglycérides non saturés, croit-on, n'augmentent pas le taux de cholestérol sanguin. Ils pourraient même contribuer à le diminuer. Il est donc préférable de consommer des huiles et des matières grasses qui contiennent un pourcentage élevé de polyglycérides non saturés, et d'éviter les aliments qui contiennent beaucoup d'acides gras saturés.

Si vous remplacez le beurre par de la margarine, assurez-vous qu'elle contient un haut pourcentage d'acides gras non saturés, comme c'est le cas de nombreuses bonnes margarines. Certaines, par contre, contiennent parfois plus de 65 pour cent d'acides gras saturés.

Acides gras - polyglycérides non saturés Ils contiennent deux, trois, ou quatre doubles liaisons de carbone. A cause de ces liaisons, ils sont chimiquement plus actifs que les acides

gras saturés. A titre d'exemple, *l'acide linoléique* nécessaire dans le régime alimentaire présente deux doubles liaisons de carbone. L'acide *linolénique*, qui a trois doubles liaisons, se retrouve dans l'huile de soja et les huiles végétales. Certains polyglycérides non saturés ont quatre doubles liaisons ou plus.

Les huiles qui proviennent des poissons présentent une grande variété d'acides gras complexes qui ont trois doubles liaisons de carbone et plus.

On retrouve dans le plupart des graisses et des huiles à la fois des acides gras saturés et des acides gras non saturés. Celles qui contiennent un pourcentage élevé d'acides gras saturés sont appelées graisses saturées. Elles sont habituellement solides ou à demi solides. Les autres, qui contiennent un pourcentage élevé d'acides gras non saturés, sont appelées non saturées, et d'habitude - comme dans le cas des huiles - sont liquides.

Acides gras saturés Ils contiennent des liaisons de carbone simples. On les appelle saturés parce qu'ils n'ont pas de liaison de carbone libre. Ils ne peuvent donc se combiner à d'autres substances chimiques et sont moins actifs. L'acide palmitique, avec sa chaîne de 15 atomes de carbone, ou l'acide stéarique, avec 17 atomes de carbone, en sont des exemples. Dans les deux cas, les liaisons de carbone sont simples.

Adrénaline   Hormone sécrétée par la médullo-surrénale en réponse à une stimulation splanchnique. L'hormone est emmagasinée dans la glande sous la forme de granules et libérée en réaction à une baisse des sucres sanguins, à la colère ou à d'autres émotions. C'est le plus puissant vasopresseur connu. L'adrénaline augmente la pression artérielle, stimule le muscle cardiaque, accélère la fréquence cardiaque et accroît le débit cardiaque.

Anévrisme ventriculaire
Tumeur formée par la dilatation de la paroi ventriculaire (gauche, habituellement). Peut aussi se produire sur la paroi ventriculaire droite. La cause la plus fréquente en est le manque d'approvisionnement sanguin à une partie du muscle qui constitue la paroi du ventricule. Produit la mort du myocarde, remplacé par une cicatrice. Dans certains cas, la cicatrice se gonfle et forme une boursouflure comparable à une hernie dans la chambre à air d'un pneu.

Angine de poitrine   Condition caractérisée par une douleur paroxystique dans la poitrine, accompagnée d'une sensation de suffocation. Les patients la comparent souvent à un étau qui leur broierait la poitrine ou à "un éléphant qui se serait assis sur eux". La douleur peut irradier sélectivement vers le membre supérieur gauche, droit, ou vers les deux, vers le cou ou les épaules, ou encore vers le dos entre les omoplates. C'est un signal d'alarme. Il indique au malade que son muscle cardiaque (le myocarde) ne reçoit pas assez de sang oxygéné à cause du mauvais état des vaisseaux coronaires. Déclenchée par l'effort ou l'émotion, la douleur peut disparaître d'elle-même. Le repos ou la nitroglycérine l'atténuent parfois en quelques minutes. Heberdeen, en 1768, a décrit l'angine de poitrine pour la première fois.
voir aussi Douleur angineuse persistante.

Angine de poitrine - Douleur après les repas   Ressentie par certains. Causes inconnues. Parfois confondue avec une douleur d'origine abdominale.

Angine en décubitus   Douleur cardiaque (angine de poitrine) survenant en position couchée.

Aorte   La plus grosse artère de l'organisme. Elle naît du ventricule gauche et constitue le tronc d'origine de toutes les artères de la grande circulation, y compris des artères coronaires, ses premières ramifications.

Artères coronaires Il existe **antérieure** Branche de l'artère coronaire gauche qui descend sur le devant de la paroi ventriculaire gauche. Ses branches approvisionnent en sang oxygéné la pompe cardiaque sur la partie antérieure du coeur, et parfois une portion de l'arrière du ventricule gauche. Elle approvisionne également la paroi qui sépare les cavités ventriculaires gauche et droite (cloison interventriculaire.)

Artère coronaire droite Branche collatérale droite de la portion initiale de l'aorte. Elle descend le long du côté droit du coeur. Ses branches approvisionnent en sang oxygéné les parois de l'oreillette droite, du ventricule droit, et une partie de la cloison interventriculaire. Parfois, elle approvisionne une partie de la paroi musculaire du ventricule droit. De plus, elle approvisionne les stimulateurs naturels du coeur et le système cardionecteur.

Artère coronaire gauche Branche collatérale gauche de la portion initiale de l'aorte. Elle se subdivise et donne les artères coronaires descendante antérieure, et circonflexe.

Artère *Voir* Vaisseaux sanguins.

Artère coronaires Il existe deux artères coronaires, la gauche et la droite. Elles sont les premières branches de l'aorte au moment où elle quitte le ventricule gauche. Elles retournent alimenter le coeur en sang oxygéné et lui fournissent de nombreux autres nutriments. S'il ne reçoit pas assez de sang oxygéné, le muscle cardiaque cesse de battre et meurt.

Artères coronaires de surface Grosses artères coronaires qui cheminent habituellement à la surface du coeur (comme d'ailleurs le font leurs ramifications de surface). L'athérosclérose, l'obstruction ou le rétrécissement de leur calibre affectent au premier chef ces artères.

Artériogramme coronaire Film obtenu par ciné-artériographie.

Artériole Branche artérielle minuscule, et en particulier celle qui est proche d'un capillaire.

Artérioles myocardiques Chaque artère coronaire de surface a des ramifications à l'intérieur du muscle cardiaque, qui à leur tour se subdivisent en artères de calibre beaucoup plus petit, appelées artérioles myocardiques. Ce sont les ultimes ramifications dans le muscle cardiaque des artères coronaires de surface. Le plus souvent, elles restent saines.

Artériosclérose Lésion caractérisée par la perte d'élasticité, la sclérose et le durcissement des artères.

Athérosclérose Lésion frappant essentiellement les artères de gros et de moyen calibre, caractérisée par des dépôts de plaques jaunâtres contenant des substances lipoïdiques et du cholestérol dans l'intima, tunique interne de la paroi des artères.

Autopsie Examen post mortem du corps, c'est-à-dire examen après la mort.

Bloc cardiaque Interruption dans le fonctionnement des tissus spéciaux du faisceau de His, qui normalement propagent les impulsions provenant des oreillettes et stimulent les ventricules à battre. La cause la plus fréquente d'interruption du fonctionnement du faisceau ou de ses branches est l'obstruction des artères coronaires qui l'alimentent. Lorsque le noeud sino-auriculaire agit comme stimulateur, la fréquence cardiaque peut varier de 45 à 170 battements à la minute. Elle passe de 30 à 60 battements par minute lorsque le noeud auriculoventriculaire devient le centre de stimulation, mais habituellement se maintient entre 35 et 50 battements à la minute. Lorsque l'une des branches du faisceau de His devient le centre de stimulation, la fréquence cardiaque tombe à 20 ou 30 battements par minute. Le ralentissement de l'activation électrique du coeur, dû au bloc cardiaque, peut provoquer des vertiges, des évanouissements et même des crises d'épilepsie.

Capillaires *Voir* vaisseaux sanguins.

Cardiologue Médecin qualifié, spécialisé dans la recherche et le traitement médical des maladies cardiaques. Ne pratique pas la chirurgie.

Cerveau Masse de tissus nerveux dans le crâne.

Chirurgie de revascularisation Chirurgie pratiquée en vue de réalimenter en sang artériel les tissus qui en manquent, suite à l'obstruction ou au rétrécissement du calibre des artères qui, normalement, approvisionnent le coeur. Plus communément, le terme "revascularisation" fait référence au muscle cardiaque privé du sang oxygéné dont il a besoin, après que l'athérosclérose a obstrué ou rétréci le calibre des artères coronaires.

Chirurgien du coeur
Chirurgien spécialisé dans les interventions chirurgicales sur le coeur.

Cholestérol Substance chimique graisseuse de la famille des stérols ($C_{27}H_{45}OH$) qui se cristallise sous la forme de cristaux circulaires. Quand ces cristaux s'accumulent dans l'intima (tunique interne de la paroi des artères), ils provoquent une irritation et, au bout d'un certain temps, une réaction inflammatoire qui endommage l'intima et aboutit à en rétrécir le calibre (athérome). Le cholestérol est présent dans toutes les huiles et graisses animales, dans le cerveau, le lait entier, le jaune d'oeuf, le foie, les rognons, les glandes surrénales et le pancréas (ris de veau). La plupart des huiles végétales (polyglycérides non saturés) n'en contiennent pas. Ingéré avec la nourriture, le cholestérol se combine aux sels biliaires, traverse la paroi des intestins et forme à l'intérieur de la cellule une lipoprotéine (après s'être combiné avec une protéine). Sous sa forme de lipoprotéine, il circule dans le sang à travers tout l'organisme. La membrane de toute cellule organique est composée de lipoprotéines qui contiennent au moins 40 pour cent de cholestérol. Toute cellule organique, à l'exception de celles du cerveau, peut produire ce cholestérol qui se retrouve dans la membrane cellulaire. Le cholestérol est la base d'hormones comme celles produites par la glande surrénale, les ovaires ou les testicules.

Le cholestérol sous sa forme de lipoprotéine se retrouve dans l'endothélium des artères et, dissocié de sa protéine, se cristallise dans leur intima - il ressemble alors à de minuscules têtes d'épingles - avec pour conséquence d'irriter l'intérieur des artères, ce qui serait une des suites de l'athérosclérose.

Le foie et la vésicule biliaire combinent le cholestérol expulsé du sang avec les sels biliaires.

Les calculs sont essentiellement formés de cholestérol.

Les selles peuvent évacuer le cholestérol hors de l'organisme.

On dit qu'un taux élevé de cholestérol dans le sang est un des facteurs qui provoque l'athérosclérose (voir chapitre 6 et annexe B).

Cicatrice Les tissus endommagés guérissent en formant une cicatrice de la dimension de la surface lésée. Le muscle cardiaque endommagé est remplacé par une cicatrice.

Ciné-coronaro-artériographie
Une image animée de l'intérieur
de chaque artère coronaire
peut être obtenue à l'aide d'un
équipement de rayons X
spécial, d'un intensificateur d'image et d'une caméra
scientifique extrêmement
perfectionnée. On introduit un
petit tube de plastique creux
dans une des grosses artères
de la jambe ou du bras du
malade. En se servant d'un
moniteur de télévision, on
dirige le tube vers l'attache
d'une artère coronaire. On
injecte ensuite un produit de
contraste, visible sur le
moniteur, dans chaque artère
coronaire séparément. L'intensificateur d'image suit la
circulation de ce produit dans
le tronc artériel et ses ramifications. Après l'injection, on
enregistre visuellement le
processus. L'image animée
permet de se rendre compte de
l'état de l'intérieur des artères
coronaires. Elle montre si la
lumière vasculaire est normale,
rétrécie ou réduite à l'état d'un
défilé virtuel.

Au cours du même examen,
le tube est inséré dans la cavité
ventriculaire gauche. On injecte
le produit de contraste pour se
rendre compte du format du
ventricule et de l'épaisseur de
sa paroi. Cet examen révèle les
zones qui se contractent et
celles atteintes d'ischémie ou
couvertes de cicatrices qui ne
se contractent pas. Il révèle
également les boursouflures
(anévrismes ventriculaires) et
les défectuosités des valves
cardiaques.

Cinétique   Qui a trait au
mouvement.

Circulation   Mouvement du
sang qui circule de façon
régulière et ininterrompue
dans tout l'organisme, y compris le coeur.

Cloison interventriculaire
Paroi qui sépare les pompes
musculaires ventriculaires
droites et gauches. Les
branches des artères coronaires
droite et gauche l'alimentent.
Les tissus nerveux de la paroi
conduisent les courants électriques vers les ventricules et les
font se contracter. Une inter-
férence avec la circulation de la
cloison interventriculaire peut
provoquer un bloc cardiaque; ce
qui nécessite l'intervention d'un
stimulateur artificiel.

Coeur   Organe musculaire
composé de quatre cavités,
situé dans la région médiane du
thorax entre les régions
pleuropulmonaires. Par ses contractions, il pompe le sang non
oxygéné du cerveau, des
organes, des glandes et des
muscles vers les poumons. Le

sang s'y purifie. Le coeur pompe ensuite le sang oxygéné (artériel) partout dans l'organisme. Ce sang purifié circule dans les artères.

Colère Emotion qui provoque l'élévation de la tension artérielle, l'accélération de la fréquence cardiaque et le resserrement des artères dans tout le corps. L'élévation de la pression artérielle accroît le travail du coeur. Si une région du coeur ne reçoit pas assez de sang (ischémie myocardique), le cerveau reçoit des signaux de détresse et le malade peut éprouver une douleur angineuse.

Contraction du muscle cardiaque Le muscle cardiaque se ferme quand il se contracte. Les cavités du coeur deviennent plus petites et le sang est éjecté.
voir aussi Pulsion cardiaque.

Contraction musculaire isométrique Contraction des muscles squelettiques qui changent la tension musculaire sans entraîner aucun changement de dimension des muscles concernés.

Cortex surrénal Le revêtement extérieur de la glande surrénale qui sécrète des hormones.

Cortisone Hormone glucocorticoïde sécrétée par la glande du cortex surrénal.

Crampes dans les jambes Des crampes au mollet peuvent survenir après un exercice violent ou une longue station debout. Si vous en avez après avoir franchi seulement quelques rues, ce n'est pas normal. Elles se produisent quand les mollets ne reçoivent pas assez de sang, à cause de l'athérosclérose qui bloque ou rétrécit le calibre des artères allant aux jambes.

Crise cardiaque (ou infarctus du myocarde) Zone morte dans le muscle cardiaque, par manque de sang oxygéné. Résultat de l'obstruction de l'artère coronaire qui approvisionne cette zone.

Quand une région ventriculaire myocardique est privée de sang oxygéné, le patient ressent, d'habitude, une douleur dans la poitrine (angine de poitrine). Cette douleur disparaît graduellement en quelques minutes. Si elle persiste une demi-heure ou plus et s'accompagne de sueurs froides et de faiblesse générale, le patient peut être assuré d'avoir une crise cardiaque ou un infarctus du myocarde. L'infarctus survient lorsque l'artère coronaire qui alimente une région ventriculaire donnée se bloque ou rétrécit à un point tel que le sang oxygéné, nécessaire pour maintenir cette partie du ventricule en vie, ne peut plus passer. Le muscle dépérit et ultérieurement se sclérose. Le patient a subi une crise cardiaque ou un infarctus du myocarde.

Crise cardiaque non douloureuse De nombreuses personnes font des crises cardiaques (infarctus du myocarde) non douloureuses et qui ne s'accompagnent d'aucun autre symptôme. Elles ne peuvent donc être conscientes d'avoir eu une crise cardiaque.

Débit cardiaque Volume de sang éjecté par le ventricule gauche dans l'aorte en une minute. Le débit cardiaque moyen est de 5,6 litres à la minute, avec un pouls moyen de 66 battements à la minute. Le débit systolique est celui du ventricule gauche pendant une contraction. Le débit cardiaque est égal au produit du débit systolique par la fréquence cardiaque.

Dépôts de calcium dans les artères coronaires Il peut y avoir des dépôts de calcium dans l'intima des artères coronaires irritées par les cristaux de cholestérol. A la longue, ces dépôts peuvent provoquer le durcissement des artères.

Dépôts de cholestérol dans les artères coronaires Habituellement, cela se produit dans la tunique interne de la paroi des coronaires. Peut causer de l'irritation et de l'inflammation.

Diabète sucré Maladie qui se traduit par l'incapacité absolue ou relative de l'organisme à utiliser les sucres, suite à une insuffisance de sécrétion d'insuline par le pancréas. Les diabétiques ont tendance à développer plus fréquemment l'athérosclérose que les non diabétiques.

Digitaline Stimulant cardiaque très puissant tiré de la feuille sèchée de la *Digitalis purpurea* (communément appelée digitale).

Digitoxine Glucoside cardiotonique extrait de la *Digitalis purpurea* et d'autres variétés de digitales; employée dans les traitements prolongés de l'insuffisance cardiaque.

Dimension du coeur Varie selon le sexe, le poids, la taille et le genre de nutrition. Chez l'adulte moyen, le coeur a 5 pouces de long, $3\frac{1}{2}$ pouces de large, et pèse 0,5 pour cent du poids du corps (onze onces environ chez l'homme et neuf onces chez la femme).

Disques cervicaux La protusion d'un disque situé entre deux vertèbres cervicales peut écraser les racines des nerfs du bras gauche ou de la partie gauche de la poitrine. La douleur ressemble parfois à celle de l'angine de poitrine, et peut même être soulagée par la nitroglycérine.

Diurétique Substance chimique utilisée pour accroître l'urine et enlever les liquides des poumons, des jambes et de l'abdomen.

Dormir soutenu par des oreillers Peut être nécessaire en cas d'insuffisance du ventricule gauche.

Douleur angineuse persistante La douleur angineuse disparaît, d'habitude, en quelques minutes lorsque ce qui l'a provoquée a disparu. Il faut considérer, jusqu'à preuve du contraire, la douleur persistante comme signe d'infarctus du myocarde, c'est-à-dire de crise cardiaque.
Voir aussi angine de poitrine - crise cardiaque.

Electrocardiogramme (ECG) Tracé enregistré sur papier du courant électrique produit par les contractions du coeur. Le résultat de l'activité auriculoventriculaire se traduit, dans un électrocardiogramme normal, par des courbes vers le haut et vers le bas. L'électrocardiogramme permet de détecter les courbes anormales.

Endothélium Tissu uni, mince et luisant de cellules qui tapissent la face interne des parois du çoeur, des artères, artérioles, capillaires et des veines de tout l'organisme.

Enzymes Molécules protéiques qui augmentent la vitesse de réaction chimique.

Epicardiectomie Enlèvement chirurgical de l'enveloppe séreuse du péricarde qui recouvre les vaisseaux coronaires et le muscle cardiaque.

Epidémiologie de l'insuffisance coronarienne aux Etats-Unis D'ici 14 ans, aux Etats-Unis, un homme sur huit âgé actuellement de 40 à 44 ans, un homme sur six âgé de 45 à 49 ans, un homme sur cinq âgé de 50 à 54 ans et un homme sur quatre âgé actuellement de 55 à 60 ans auront subi une crise cardiaque. Selon les recherches récentes effectuées à Framingham (relatées par le docteur W.P. Castelli, le 29 août 1974) aux environ de 60 ans un cinquième des Américains ont déjà fait une crise cardiaque.

Esters Toute combinaison d'un acide et d'un alcool avec élimination d'eau.

Examens de routine Avant une chirurgie de revascularisation, tout patient devrait subir une série complète d'examens pour détecter d'autres maladies susceptibles d'influencer la décision d'entreprendre l'intervention chirurgicale ou non. Il s'agit de déceler toute infection dans les sinus, le nez, la gorge, les dents, les gencives et le système génital et urinaire. Il faut soigner l'infection d'abord car elle risque, après l'intervention chirurgicale, de provoquer des plaies. Il faut également prendre divers rayons X pour vérifier si le malade n'a pas de troubles de la vésicule biliaire qui, après l'opération, peuvent provoquer des ulcères gastroduodénaux susceptibles de saigner. Il faut enfin s'assurer qu'il n'y ait de traces de cancer nulle part dans l'organisme. Il faut examiner soigneusement les poumons des malades âgés de plus de 65 ans et y détecter d'éventuels kystes, la bronchite chronique ou l'emphysème. Après une opération, de mauvais poumons peuvent développer une pneumonie et, comme le coeur du malade est déjà faible, provoquer la crise cardiaque. Le diabète avancé ou l'hypertension aiguë sont en soi des contre-indications à la chirurgie.

Exercices physiques par temps froid Le temps froid ne sied pas aux victimes d'insuffisance coronarienne qui souffrent d'ischémie myocardique. Le froid provoque l'angine plus facilement. Courir après l'autobus par temps froid peut produire une crise cardiaque.

Excitation Action de stimuler, susciter, provoquer des sensations.

Faisceau de His Désigné du nom de celui qui l'a découvert, le docteur Wilhelm His, le faisceau de His est une petite bande de fibres musculaires inhabituelles qui prend son origine au noeud auriculo-ventriculaire. Dans l'oreillette droite, il passe à travers la jonction auriculoventriculaire, ensuite sous l'endocarde du ventricule droit et rejoint la membrane de la cloison inter-ventriculaire. Il se divise en deux branches - gauche et droite - à l'extrémité supérieure de la partie musculaire de la cloison inter-ventriculaire. Ces branches se ramifient dans la paroi de chacun des ventricules. Le faisceau de His propage les contractions rythmiques des oreillettes aux ventricules. Une interruption dans son fonctionnement produit un bloc cardiaque.

Fréquence cardiaque
Fréquence des contractions du muscle cardiaque.

Fréquence des crises d'angine
Varie d'une crise toutes les quelques semaines à quarante crises par jour.

Glande surrénale Glande située près des reins. Elle se compose de deux parties principales: la partie centrale, la médullaire, sécrète l'adrénaline, et la partie extérieure sécrète de la cortisone.

Grand épiploon Membrane de tissu primitif qui se trouve entre l'estomac et le colon transverse (gros intestin). Il recouvre tous les éléments de la cavité abdominale à la manière d'un tablier. L'épiploon contient de nombreux vaisseaux sanguins et tous les types de cellules blanches. Dans les zones d'infarcissement (appendicite aiguë), il constitue une sorte de muraille contre la péritonite. Les cellules blanches de l'épiploon envahissent les bactéries, les tuent et les éloignent.

Greffe épiploïque On sépare le grand épiploon de son approvisionnement sanguin originel. Greffé ailleurs dans l'organisme, il sécrète une substance blanche de chaque côté de sa surface. Cette substance le fait adhérer à tout tissu avec lequel il est en contact et stimule les vaisseaux sanguins de ces tissus à se ramifier à l'intérieur de la bande d'épiploon. Ce processus de repousse des vaisseaux sanguins, de part et d'autre de l'épiploon, peut être achevé en huit jours. Les vaisseaux nouveaux se joignent au vaste réseau artériel épiploïque pour approvisionner en sang oxygéné l'organe qui en a besoin, comme, par exemple, un coeur atteint d'ischémie. Le sang artériel, à travers l'épiploon, circule depuis les vaisseaux sanguins du péricarde jusqu'aux artères coronaires.

Hémoglobine Hétéroprotéine de couleur rouge qui transporte l'oxygène vers les tissus. C'est une substance rougeâtre contituée d'une protéine, la globine, associée à un hème, substance chimique ferreuse non soluble (ferroproto-porphyrine).

Hérédité Caractères ou qualités reçus par la descendance des ascendants dont elle est issue.

Hernie hiatale Défectuosité du diaphragme gauche qui a pour résultat de faire glisser une partie de l'estomac dans le thorax. Habituellement, la douleur se manifeste sous le sein gauche.

Huiles et matières grasses
Nutriments essentiels du
régime alimentaire de l'homme.
Procurent plus de sources con-
centrées d'énergie que tout
autre aliment. Véhiculent des
vitamines graisseuses solubles.
La viande, les produits laitiers,
la volaille et le poisson sont les
principales sources de matières
grasses; les noix, légumes et
graines sont les principales
sources d'huile.
Voir (Cholestérol et
Lipides)

Hypertension Désigne communément une pression
artérielle anormalement élevée.

Hystérectomie (totale) Quand
on enlève les ovaires et
l'utérus, une ménopause
précoce se produit. Cette ménopause peut amener l'athérosclérose des artères coronaires.

Infarctus du myocarde
Voir crise cardiaque.

**Insuffisance cardiaque due à
une déficience des artères
coronaires** Se développe
quand le muscle cardiaque,
faute de sang oxygéné, n'est
plus capable d'éjecter le sang
qu'il reçoit. Se produit surtout
dans le ventricule gauche, mais
peut aussi survenir dans le
ventricule droit.

**Insuffisance du tronc
coronaire** Insuffisance (simple,
double ou triple) des artères
coronaires de surface. Quand
elle se produit dans la partie
originelle des artères
coronaires, on l'appelle insuffisance du tronc coronaire.
Selon le cas, elle peut affecter
une, deux ou trois artères. On
la désigne alors par les termes
de simple, double ou triple insuffisance du tronc coronaire.
Dans certains cas, elle peut
aussi affecter l'artère coronaire
gauche, plus courte. Quand cela
se produit, en association avec
une triple insuffisance coronarienne, on parle de quadruple
insuffisance du tronc coronaire.

**Insuffisance du ventricule
droit** Peut être un effet
secondaire de l'insuffisance du
ventricule gauche (qui
augmente la pression dans le
poumon et a pour effet de surcharger le ventricule droit). Se
produit essentiellement lorsque
le muscle ventriculaire droit
manque de sang oxygéné. Dans
tous les cas, l'insuffisance du
ventricule droit produit le
gonflement des jambes, le
grossissement du foie et la
rétention de fluides dans
l'abdomen.

**Insuffisance du ventricule
gauche** Lorsque le muscle
ventriculaire gauche se contracte faiblement, le sang qui

provient de l'oreillette gauche n'est pas entièrement éjecté dans l'aorte, ce qui provoque un reflux sanguin dans l'oreillette gauche et accroît la tension dans les poumons. Le vaste système capillaire des poumons s'engorge et interfère sur le processus d'oxygénation du sang. Le malade perd graduellement l'haleine, a besoin d'oreillers et d'oxygène, tousse et peut expectorer un liquide clair et spumeux. Si la situation persiste, la pompe ventriculaire droite surchargée peut faire défaut à son tour.

Interventions chirurgicales pratiquées pour pallier à l'insuffisance coronarienne (Revascularisation du myocarde). L'athérosclérose des artères coronaires bloque ou rétrécit le calibre des pipelines qui alimentent le coeur en sang oxygéné et lui permettent de vivre et de continuer de battre.

On désigne sous le nom d'opérations de revascularisation toutes les interventions chirurgicales qui ont pour objet de rétablir l'approvisonnement du coeur en sang oxygéné.

On distingue deux grands types d'opérations:

1. *Interventions directes sur les artères coronaires (ces pipelines du coeur)*

a. Endartériectomie — Intervention chirurgicale qui consiste à enlever de l'artère les éléments responsables de son obstruction.

b. Pontage coronaire — On se sert d'un greffon veineux, prélevé dans la cuisse, et on l'interpose entre l'aorte ascendante et une artère coronaire, en aval de son obstruction. On coud l'une des extrémités du morceau de veine sur un trou pratiqué dans l'aorte, et l'autre extrémité sur un trou pratiqué dans l'artère.

c. Connexion de l'extrémité d'une artère mammaire interne — après l'avoir déplacée de sa location originelle dans la poitrine — à un trou pratiqué dans une artère coronaire en aval de son obstruction. Comme le recommande l'auteur; ne pas confondre cette opération avec la greffe de l'artère mammaire interne.

2. *Opérations de revascularisation au moyen de greffes sans intervention directe sur les artères coronaires (opérations de Vineberg)*

Dans ces opérations, on ne touche pas aux artères coronaires lésées. On pose de nouveaux conduits artériels et on contourne les artères coronaires.

a. *Greffe de l'artère mammaire interne gauche dans la paroi ventriculaire gauche (opération de Vineberg originelle).*

—Au cours de cette opération, on enlève l'artère mammaire interne gauche de sa position initiale dans la partie inférieure de la poitrine et on la coupe là où elle pénètre le muscle de l'abdomen. A son origine, l'artère mammaire est une branche de l'artère principale du bras (sous-clavière) et elle se termine dans le muscle abdominal. L'extrémité de l'artère séparée de ce muscle est ensuite introduite dans un tunnel pratiqué dans la paroi du ventricule gauche. On obstrue l'extrémité de l'artère mammaire et on garde ouvertes une ou deux de ses branches latérales pour permettre au sang de couler. On fixe l'artère au coeur. Le sang artériel s'écoule donc par ces branches latérales ouvertes dans le tunnel du myocarde ventriculaire gauche. Les zones sinomyocardiques éjectent ce sang. Après l'opération, l'artère se ramifie et, douze jours plus tard, les nouvelles branches rencontrent les branches saines des artères coronaires enfouies dans le muscle cardiaque. Grâce à ces ramifications, l'artère réapprovisionne le muscle cardiaque, privé de sang jusque-là à cause des obstructions des artères coronaires de surface.

b. *Greffe de l'artère mammaire interne droite dans la paroi ventriculaire droite* — Procédé semblable à celui de la greffe de l'artère mammaire interne gauche, avec cependant de légères modifications dues à la minceur de la paroi ventriculaire droite. Après la greffe, l'artère alimente en sang le réseau coronaire droit et, partiellement, le gauche.

c. *Greffe des artères mammaires internes gauche et droite dans les parois ventriculaires gauche et droite* (au cours de la même opération) — Même technique que dans le cas de greffes de l'artère mammaire gauche ou droite.

d. *Greffe épiploïque pratiquée pour stimuler le développement de nouveaux vaisseaux sanguins susceptibles d'alimenter le coeur* — On détache le grand épiploon de son implantation sur le bord antérieur du gros intestin. On ouvre l'enveloppe séreuse du péricarde et l'épicarde. On enroule l'épiploon autour du coeur comme une couverture. On le fixe à la fois au coeur et au sac péricardique.

e. *Greffes péricoronaires de bandes d'épiploon* — Au lieu de se servir d'un grand morceau d'épiploon, on le découpe en bandes contenant deux ou trois vaisseaux sanguins. On coud chaque bande d'épiploon par-dessus les grosses artères coronaires de surface. On les stimule ainsi à se ramifier dans les bandes d'épiploon. Leurs ramifications rejoignent les vaisseaux sanguins qui s'y trouvaient déjà et, en se soudant, forment des sortes de ponts par-dessus les points d'obstruction ou de rétrécissement des artères coronaires, dus à l'athérosclérose. Ce type d'opération a été utilisé en association avec les greffes. Il est très récent.

Ischémie myocardique Provoquée par une inadéquation de l'approvisionnement sanguin au myocarde (partie musculaire du coeur qui se contracte), due à l'obstruction ou au rétrécissement du calibre des artères coronaires.

Laboratoires de pathologie Laboratoires spécialement équipés pour faire des recherches médicales après la mort.

Lipides Corps gras insolubles dans l'eau, solubles dans les solvants organiques. Ils contiennent une ou plusieurs molécules d'acides gras. Toutes les graisses et les huiles se rangent dans la catégorie des lipides. On a fait des recherches sur les trois principaux lipides contenus dans le sang: le cholestérol, les triglycérides et les phospholipides.

On associe constamment le cholestérol à l'athérosclérose clinique. Les phospholipides, par contre, ont la réputation de protéger l'organisme.

Lipoprotéine Association entre des protéines et des lipides qui a les propriétés générales des protéines. Les lipides sont insolubles dans l'eau. Pratiquement, tous les lipides du plasma se présentent sous forme de lipoprotéines. Il en est de deux types: alpha et bèta. La lipoprotéine Bèta véhicule la plus grande partie du cholestérol sérique.

Mamelon Saillie conique qui livre passage au lait.

Marche à pied Exercice qui accélère la circulation sanguine dans tout l'organisme, et particulièrement dans sa partie inférieure qui contient 50 pour cent du volume sanguin total.

Métabolisme Ensemble des réactions physiologiques et chimiques par lesquelles se produisent et se conservent les substances organiques vivantes.

Métabolisme cardiaque Le muscle cardiaque utilise des glucoses, des graisses, des acides aminés, de l'acide lactique, de la thiamine, de l'acide nicotinique, de la riboflavine et des dérivés de la vitamine B.

Morphine Elément principal et le plus actif de l'opium. Soulage la douleur mais provoque l'accoutumance.

Mort Se produit quand le coeur cesse de battre et qu'il ne peut être réanimé et quand cesse toute activité électrique dans le cerveau.

Mouvement volontaire Dans l'organisme, les muscles sont divisés en volontaires et involontaires. Les muscles volontaires sont sous contrôle direct du cerveau et de la moelle épinière. Ce sont eux qui sont responsables du mouvement. Les muscles involontaires sont ceux qui se contractent continuellement ou de façon intermittente, comme le coeur et l'appareil gastro-intestinal. Le mouvement des muscles involontaires peut être affecté par des stimuli en provenance du cerveau, mais ils ne dépendent pas de ces stimuli pour agir; le mouvement volontaire, lui, en a besoin.

Muscle cardiaque Chaque cavité cardiaque est constituée d'un muscle qui en forme la paroi.

Muscles squelettiques Muscles attachés aux os, au moins en un endroit, et que l'on contrôle volontairement. Ils sont responsables des mouvements du corps. En se contractant, le muscle se raccourcit et la distance entre deux points organiques diminue, ce qui donne lieu au mouvement. A l'opposé, les contractions isométriques modifient la tension musculaire mais ne rapprochent pas les extrémités du muscle.

Nitroglycérine Médicament composé de glycéryl et de trinitrate. Dilate les artères, et surtout les artères coronaires. Très efficace pour soulager l'angine de poitrine, due à l'ischémie myocardique par suite de l'obstruction des artères coronaires. Une petite pilule de nitroglycérine placée sous la langue atténue la douleur angineuse en moins de trois minutes.

Obstruction Tout blocage, interruption, arrêt ou occlusion.

Oreillettes ou Atria Petites cavités cardiaques aux parois minces, situées au-dessus des ventricules gauche et droit. L'atrium droit collecte le sang veineux de l'organisme, l'atrium gauche le sang artériel des poumons.

Oxyhémoglobine Hémoglobine qui transporte l'oxygène. De couleur rouge vif (sang artériel) après avoir pris de l'oxygène dans les poumons, elle vire au pourpre (sang veineux) après avoir livré cet oxygène aux divers tissus de l'organisme.

Pathologiste Spécialiste de la pathologie qui étudie essentiellement les maladies après la mort.

Pathologie Branche de la médecine qui étudie la nature des maladies, et surtout les changements structuraux et fonctionnels qui provoquent la maladie des tissus organiques ou qui en résultent.

Pectoraux Région des seins ou partie antérieure du thorax.

Péricarde Sac sérofibreux qui enveloppe le coeur. La séreuse péricardique comprend un feuillet extérieur fibreux contenant les artères qui communiquent avec les autres artères thoraciques, et un feuillet intérieur séreux qui se réfléchit sur le coeur et qui couvre les artères coronaires, les veines et le muscle cardiaque. On appelle épicarde la partie qui couvre le coeur proprement dit. Pour permettre à de nouveaux vaisseaux sanguins d'atteindre le coeur, il faut enlever chirurgicalement l'enveloppe sérofibreuse du péricarde et le feuillet qui recouvre le coeur. Ces opérations portent le nom de séro-péricardectomie, pour la première, et épicardectomie, pour la seconde.

Phosphatide Glycéride dont une des fonctions alcool primaire du glycérol est estérifiée par de l'acide phosphorique.

Plasma Milieu liquide du sang dans lequel les globules blancs et rouges sont en suspension. Le plasma contient toutes les substances chimiques du sang lui-même, sauf l'hémoglobine.

Pleurésie Inflammation de la plèvre qui peut provoquer une douleur récurrente dans le thorax.

Poumons Deux vastes sacs contenant de l'air, situés dans la cage thoracique de part et d'autre du coeur. La trachée artère et les bronches les relient à la bouche. (Chaque poumon est formé de centaines de petites cavités qui contiennent de l'air. Des capillaires entourent ces cavités. C'est dans les poumons que les globules rouges du sang s'alimentent en oxygène et se débarrassent du bioxyde de carbone.

Pression artérielle Pression des grosses artères quittant la grande aorte au moment où le ventricule gauche se contracte et éjecte le sang. Il existe deux pressions artérielles: l'une, systolique, pression maximum pendant que le ventricule gauche se contracte; l'autre, diastolique, pression artérielle entre deux contractions. Pour l'homme la pression systolique normale se situe aux alentours de 120 millimètres de mercure, et la pression diastolique aux alentours de 80 millimètres. Chez la femme, la pression systolique normale est d'environ 113 millimètres et la pression diastolique, de 70 millimètres. Cette pression ne change guère après 20 ans, à moins de maladie. On parle d'hypertension quand la pression artérielle dépasse la normale.

Pression artérielle diastolique Pression artérielle minimum quand le ventricule gauche se repose, après s'être contracté. En moyenne: 75 millimètres de mercure. Entre 60 et 90 millimètres, la pression diastolique est considéré normale.

Pression artérielle systolique Pression artérielle maximum après une contraction du ventricule gauche. En moyenne: 120 millimètres de mercure. La pression systolique normale peut varier de 95 à 150 millimètres.

Profil du coronarien Traits et caractères qui prédisposent une personne à l'insuffisance des artères coronaires.

Protéine Les protéines fournissent le matériau brut qui permet la croissance et la restauration des tissus organiques pendant l'enfance et la croissance; pendant l'âge mûr, elles permettent la restauration des tissus et maintiennent le poids de l'individu.

Les protéines participent à la structure de la plupart des cellules organiques. Elles s'échelonnent depuis les nucléoprotéines dans le noyau des cellules jusqu'à l'albumine, les globulines et les lipoprotéines du plasma sanguin.

Les règnes animal et végétal fournissent les sources brutes de protéines. Les protéines constituent la charpente des tissus organiques humains. Ce sont des molécules géantes qui se séparent en acides aminés, qui à leur tour se fractionnent pour former le glucose et les acides gras.

Les protéines sont la source exclusive d'azote et de soufre. Elles fournissent des acides aminés spéciaux qui entrent dans la formation de diverses

hormones et d'enzymes. Elles
donnent de l'énergie et
stimulent le métabolisme.

Pulsion cardiaque Contraction
spontanée du muscle cardiaque.
Débute dans le foetus et ne
s'interrompt qu'avec la mort.

**Réseaux artériolaires myocardi-
ques** Réseaux d'artérioles
situées dans le myocarde des
ventricules gauche et droit.
Branches terminales des
artères coronaires droite,
descendante antérieure et
circonflexe. Peuvent ou non
communiquer entre elles par le
biais de vaisseaux collatéraux.

Rétention des fluides Se
produit lors d'insuffisance du
ventricule gauche, droit, ou des
deux.

**Retour au travail (après une
crise cardiaque)** Les personnes qui souffrent de
douleurs angineuses continuent
d'habitude, à travailler jusqu'au
moment où la douleur se répète
trop fréquemment. Après une
crise cardiaque (infarctus du
myocarde), il faut cesser de
travailler jusqu'au moment où
la partie atteinte du muscle
cardiaque a été remplacée par
une cicatrice. Cette cicatrisa-
tion, qui fait partie du
processus de guérison, peut
prendre trois mois.

**Rétrécissement du calibre des
artères coronaires** Affecte
surtout les artères coronaires
de surface. Des dépôts dans la
paroi des artères provoquent ce
rétrécissement. Fait partie de
l'athérosclérose.

Salle d'autopsie Salle dans
laquelle les pathologistes pratiquent l'autopsie.

Sang Fluide que le coeur
éjecte vers chaque cellule de
l'organisme. Il se compose de
globules rouges qui transpor-
tent l'oxygène, de globules
blancs qui combattent les
bactéries et d'un plasma liquide
dans lequel les globules blancs
et rouges sont en suspension.
La phase liquide du sang contient divers nutriments: sucres,
protéines, acides aminés, sels,
lipides, lipoprotéines (qui
renferment du cholestérol),
hormones et vitamines. Le sang
contient aussi certains déchets
de l'organisme comme le bioxyde de carbone et l'urée,
éliminés par les poumons, les
reins et la peau.

Sang artériel (oxygéné) Le
sang artériel est oxygéné. En
passant dans les poumons, le
plasma et les globules rouges
du sang se sont alimentés en
oxygène. Le sang artériel est
donc rouge vif.

Sang non oxygéné *Voir* sang

veineux.

Sang oxygéné   *Voir* sang
artériel.

Sang veineux   De couleur
pourpre. Les globules rouges
du sang veineux ont livré leur
oxygène aux divers tissus de
l'organisme.

Sécrétions endocrines
Sécrétions glandulaires internes d'hormones dans le sang
ou la lymphe. Ces hormones ont
certains effets spécifiques sur
les autres organes et tissus.
Elles proviennent de la glande
thyroïde, des testicules, des
ovaires, de l'hypophyse, etc...

Sels   *Sodium:* substance
alcaline ferreuse qui, combinée
avec du chlorure, donne le sel
de table.
    Potassium: substance alcaline
ferreuse qui, combinée avec du
chlorure, se retrouve dans le
jus d'orange et autres aliments.
    Calcium: élément basique fer-
reux du citron. Il se retrouve
dans le lait de vache combiné
avec la caséine en une
phosphoprotéine.

**Sensation d'écrasement de la
poitrine**   Sensation d'avoir la
poitrine prise dans un étau. Le
malade est incapable d'inspirer.
Sensation caractéristique de
l'angine de poitrine.

Souffle court   On peut être à
court d'haleine de deux façons
différentes. D'abord, lorsqu'on
halète (respiration rapide) — ce
qui se produit normalement
après un effort physique
violent et, de façon moins
naturelle, lorsqu'on a de
mauvais poumons ou lorsqu'on
souffre d'une déficience du ventricule gauche. Ou bien on peut
être incapable d'inspirer à
cause d'un poids sur la poitrine,
indice possible d'une angine de
poitrine.

Sternum   Os plat situé sur la
partie antérieure du thorax,
derrière la peau. Il rejoint dans
sa partie supérieure les clavicules et, sur ses côtés, les sept
premiers cartilages costaux. Il
est formé de trois parties: la
partie supérieure, la partie
centrale et la partie inférieure
qui touche aux muscles
abdominaux.

Stéroïde   Nom générique de
substances dérivées qui ressemblent au cholestérol comme,
par exemple, les hormones
sexuelles, les stérols, etc...

Stérols   Alcool solide qui a un
fort poids moléculaire. Divers
dérivés de stérols se retrouvent en quantité dans la
nature. A cause de leur
solubilité, semblable à celle des
graisses, on les a classés dans
la catégorie des lipides. Le

cholestérol est le plus connu des stérols.

Stimulateur cardiaque (artificiel)

Le premier type de stimulateur cardiaque fonctionne à batteries. On utilise un stimulateur cardiaque artificiel quand le système cardionecteur naturel fait défaut. On introduit une batterie entourée d'un plastique non irritant derrière la peau de la poitrine ou de l'abdomen. Cette pile est ronde, plate et mesure 65 mm de diamètre et 36 mm d'épaisseur. La batterie émet un stimulus électrique dans un fil dont l'extrémité a été suturée à la paroi musculaire du ventricule gauche. On peut l'ajuster de façon à ce que la fréquence des impulsions électriques corresponde à la fréquence cardiaque du malade, ce qui contribue à normaliser son pouls. Il faut changer la plupart de ces batteries tous les quatre ou cinq ans.

Le second type de stimulateur cardiaque utilise l'énergie atomique. Il est extrêmement coûteux mais peut durer 10 ans. Lorsque le patient meurt, il faut récupérer le stimulateur, comme on le fait de n'importe quel autre déchet nucléaire.

Stimulateurs nodaux dans le coeur

Un des stimulateurs naturels du coeur est le noeud sino-auriculaire, situé dans la paroi de l'oreillette droite et qu'approvisionne une branche de l'artère coronaire droite. Il est formé de fibres cardiaques délicates et enchevêtrées. Ces fibres, connectées avec les nerfs et avec le muscle de l'oreillette, stimulent les contractions cardiaques à un rythme de 45 à 170 par seconde.

Le second stimulateur cardiaque naturel est le noeud auriculoventriculaire, masse de tissus spécialisés identiques à ceux du noeud sino-auriculaire, situé dans le bas de l'oreillette droite. Il se prolonge vers le haut avec les fibres de l'oreillette droite, et vers le bas avec le faisceau de His. Quand le noeud auriculoventriculaire prend le contrôle du système cardionecteur, il stimule les ventricules à une fréquence de 30 à 60 impulsions à la minute.

Stress

Quand on applique une force, c'est un stress. L'objet sur lequel on l'applique y répond par un effort.

Lorsqu'on y applique un poids, une barre de fer — matériau ductile, élastique — se déforme jusqu'à un certain point, *le point de rupture*: la limite de son élasticité. Quand on enlève le poids ou le stress, à condition de n'avoir pas dépassé le point de rupture, la barre de fer retrouve sa forme et sa configuration première.

Si le stress fait dépasser à un objet son point de rupture, il s'en trouve déformé pour toujours. Passé un certain seuil l'objet se brise. Le bois ne réagit pas comme la barre de fer. Il est moins élastique. Si la charge est trop forte, il se brise immédiatement.

Sous l'effet du stress, les gens peuvent se rompre comme le bois ou se plier comme le fer et, une fois le stress disparu, revenir à leur état normal. Un stress continu qui pousserait les gens par-delà leur point de rupture peut les endommager, comme une charge excessive le fait pour un morceau de bois ou une barre de fer. Les gens stressés devraient, si possible, se défaire de la cause du stress, ou apprendre à s'en accommoder, ou se mettre eux-mêmes hors de portée du stress en question.

Sucres Carbohydrates doux de diverses origines à la fois animales et végétales. Par exemples: lactose, sucrose, glucose etc...

Sueur Transpiration d'un liquide clair produit par les glandes sudoripares. L'exercice physique normal et la ménopause produisent une sueur chaude, naturelle. La fièvre, les chocs et la douleur provoquent des sueurs froides.

Symptômes Ce que ressent le patient et qui peut être le signe d'une maladie.

Tapis roulant Tapis mobile doté de rampes latérales. On s'en sert pour tester certains patients. Ils marchent ou courent sur place pendant que, sous leurs pieds, le tapis se déplace. Tandis que le patient marche ou court à différentes vitesses, on prend son électrocardiogramme et on effectue de nombreux autres examens. On évalue par la suite comment son système cardiovasculaire a réagi à l'effort.

Taux de cholestérol dans le sang Selon les normes nord-américaines en vigueur, le taux de cholestérol séreux normal doit se situer entre 150 et 300 mg par 100 cc. La plupart des autorités médicales considèrent comme élevé un taux de cholestérol séreux qui dépasse 242 mg par 100 cc. Cependant, les Asiatiques ne souffrent que rarement d'insuffisance coronarienne. Il faut donc reconsidérer nos normes et tendre à un taux de cholestérol séreux de 180 mg par 100 cc, de façon à endiguer l'athérosclérose des artères coronaires.

Tension Etat de ce qui est tendu ou de ce qui fait un effort. Travailler sous l'effet du stress provoque la tension et rend la personne concernée nerveuse. Cela peut provoquer le resserrement des artères, y compris des artères coronaires.

Terminaisons nerveuses Tous les nerfs originent du cerveau et se terminent en de minuscules ramifications dans les tissus. Ces ramifications sont les terminaisons nerveuses. Elles sont constituées de telle sorte qu'elles peuvent envoyer les signaux du cerveau dans tous les tissus et, à l'inverse, retourner au cerveau tout signal émis par un quelconque tissu en cas de problème.

Test d'effort de Master Test pratiqué sur les patients dont l'électrocardiogramme en décubitus est normal. Il consiste à faire monter et descendre deux marches un certain nombre de fois pendant un laps de temps de trois minutes. Durant ce temps, on enregistre un électrocardiogramme du sujet. L'âge et le poids du malade déterminent le nombre de fois qu'il aura à gravir et à descendre les marches. Fréquemment, ce test permet de déceler des signes d'ischémie myocardique apparents sur le tracé de l'électrocardiogramme.

Thermographie Méthode pour enregistrer les variations de température (chaleur).

Triglycérides Substance lipidique formée par une molécule de glycérol estérifiée par trois acides gras. Les acides gras peuvent être saturés ou non saturés (monoglycérides et polyglycérides) (voir Huiles et matières grasses.) Les triglycérides sont quantifiables dans le sérum humain. Certains considèrent que l'élévation du nombre de triglycérides est un facteur important d'athérosclérose. D'autres pensent que non.

Unité coronaire de soins intensifs Département spécial dans un hôpital où des infirmières hautement spécialisées et des cardiologues veillent et soignent les malades qui souffrent d'infarctus du myocarde (crise cardiaque) ou ceux qui sont sur le point d'en faire.

Vaisseaux sanguins Il existe trois principaux réseaux de vaisseaux sanguins:

1. *les artères:* vaisseaux qui amènent le sang oxygéné du coeur à toutes les parties de l'organisme. L'aorte, la plus grosse artère du corps, forme la première partie du tronc artériel. Elle quitte le ventricule gauche et traverse la poitrine et l'abdomen. Elle a le format d'un tuyau de radiateur dans une automobile.

En cours de route, cette grosse artère se ramifie pour

alimenter tous les recoins de l'organisme. Comme dans un arbre, plus les ramifications sont éloignées du tronc, plus elles sont petites. Elles finissent par devenir minuscules et rejoignent alors le réseau des capillaires.

Toutes les artères sont creuses. Leur face interne est couverte d'un revêtement, l'endothélium, formé de cellules semblables aux dalles d'un pavage.

L'endothélium est couvert d'une couche de tissu élastique. La tunique interne de la paroi des artères est appelée intima. Une épaisse couche de tissus musculaires recouvre l'intima. L'athérosclérose attaque surtout l'intima des artères.

2. *les veines:* vaisseaux creux tapissés dans leur partie interne d'une couche d'endothélium. Les parois veineuses sont minces. Le revêtement des grosses veines est identique à celui des artères, mais beaucoup plus mince. Les veines prennent leur origine de l'autre côté du réseau des capillaires et collectent le sang non oxygéné (déjà utilisé) qui charrie les sous-produits du métabolisme. Les petites veines se rejoignent pour en former de plus grosses; finalement deux grosses veines, provenant respectivement des parties supérieure et inférieure de l'organisme atteignent

l'oreillette droite. Une troisième veine dans laquelle circule le sang utilisé par le coeur se déverse également dans cette oreillette. Toutes les veines charrient vers le coeur du sang veineux non oxygéné, à l'exception des veines pulmonaires qui ramènent à l'oreillette gauche le sang oxygéné des poumons.

3. *les capillaires:* très fins vaisseaux microscopiques qui forment des réseaux reliant les dernières ramifications artériolaires aux premières ramifications veineuses. Ils sont un peu plus gros qu'un globule rouge. Leur paroi est très mince. L'oxygène et les nutriments passent au travers de ces parois et atteignent les tissus vivants.

Vaisseaux collatéraux Terme utilisé pour décrire des vaisseaux artériels à la surface du coeur ou dans ses parois musculaires. Ils unissent soit le réseau coronaire droit ou gauche, soit deux parties du réseau artériel coronaire gauche. Ils se retrouvent dans 7 pour cent des coeurs humains normaux. Ils se forment parfois de façon naturelle pour pallier à l'ischémie d'une zone donnée, provoquée par des lésions aux artères coronaires. Il est rare qu'un vaisseau collatéral se forme pour aller chercher du sang frais oxygéné dans l'un des vaisseaux péricardiques. Un vaisseau artériel collatéral peut approvisionner suffisamment un territoire cardiaque privé de sang oxygéné, suite au blocage de ses artères coronaires, pour l'empêcher de mourir (ou d'avoir un infarctus). (*Voir* crise cardiaque.)

Vasopresseur Hormone dans le genre de l'épinéphrine. Stimule les contractions des tissus musculaires des capillaires et des artères et augmente la pression artérielle systémique.

Veines *Voir* vaisseaux sanguins.

Ventricules Vastes cavités du coeur qui pompent le sang. Il y a deux ventricules, l'un à droite et l'autre à gauche du coeur.

Ventricule droit - pompe ventriculaire droite Reçoit le sang veineux (non oxygéné, déjà utilisé) de l'oreillette droite et l'éjecte vers les poumons où le sang est purifié.

Ventricule gauche - pompe ventriculaire gauche L'une des quatres pompes cardiaques. Reçoit le sang oxygéné de l'oreillette gauche et l'éjecte dans l'aorte et tout le réseau des vaisseaux artériels qui amènent ce sang aux tissus. Le ventricule gauche se trouve à gauche du coeur (à gauche de la pompe ventriculaire droite et sous l'oreillette gauche). Possède une valve - la valve aortique - à l'entrée de l'aorte, et une valve mitrale à l'entrée de l'oreillette gauche.

Vertige Peut avoir diverses origines, dont l'athérosclérose qui rétrécit le calibre des artères et diminue la quantité de sang oxygéné que les grosses artères amènent au cerveau.

Vésicule biliaire Réservoir pyriforme dans lequel la bile s'accumule. Situé dans une fosse à la face inférieure du foie. Une vésicule biliaire malade cause parfois une douleur à la poitrine semblable à la douleur angineuse.

Vitesse de coagulation sanguine La coagulation sanguine stoppe le saignement normal des vaisseaux sanguins. Habituellement, le sang se coagule en 10 minutes. Une vitesse de coagulation plus lente (18 minutes ou plus) signifie, pendant une intervention chirurgicale, une plus grande perte de sang. Par contre, une vitesse de coagulation plus rapide peut favoriser la formation de caillots dans les artères coronaires lésées et provoquer un blocage ou peut-être un infarctus du myocarde.